Operatividad logística global. COML017PO

Manuel Salas Aguilera

Operatividad logística global. COML017PO
© Manuel Salas Aguilera

1ª Edición

© IC Editorial, 2024

Editado por: IC Editorial
c/ Cueva de Viera, 2, Local 3
Centro Negocios CADI
29200 Antequera (Málaga)
Teléfono: 952 70 60 04
Fax: 952 84 55 03
Correo electrónico: iceditorial@iceditorial.com
Internet: www.iceditorial.com

ISBN: 978-84-1184-312-6
Depósito Legal: MA 1814-2024

Impresión: PODiPrint
Impreso en Andalucía – España

Nota de la editorial: IC Editorial pertenece a Innovación y Cualificación S. L.

Especialidad formativa

Se entiende por especialidad formativa la agrupación de contenidos, competencias profesionales y especificaciones técnicas que responde a un conjunto de actividades de trabajo enmarcadas en una fase del proceso de producción y con funciones afines.

Las especialidades formativas de Uso General, Formación Complementaria, Formación Modular y las especialidades formativas dirigidas a la obtención de certificados de profesionalidad se incluyen en el Fichero de Especialidades del Servicio Público de Empleo Estatal para su gestión en todo el territorio nacional por cualquier Administración competente.

Las especialidades complementarias, pertenecen todas a la Familia profesional de Formación Complementaria (FCO) y tienen la consideración de formación transversal en áreas que se consideran prioritarias tanto en el marco de la Estrategia Europea para el Empleo y del Sistema Nacional de Empleo como en las directrices establecidas por la Unión Europea. Se consideran áreas prioritarias las relativas a tecnologías de la información y la comunicación, la prevención de riesgos laborales, la sensibilización en medio ambiente, la promoción de la igualdad, la orientación profesional y aquellas otras que se establezcan por la Administración competente.

Las especialidades de Certificado de profesionalidad tienen una duración especificada en su normativa reguladora.

En el resultado de la búsqueda, se muestran las unidades de competencia, todos los módulos formativos con su duración y las unidades formativas del certificado correspondiente, con su duración. Las horas del certificado, exclusivo de las especialidades de certificado de profesionalidad, con alta igual o superior a 2008, son las horas totales más las horas del módulo de Prácticas Profesionales no Laborales.

⮑ **Si la especialidad tiene unidades formativas,** las horas totales, presencial, distancia, teleformación serán igual a la suma de esas horas de las unidades formativas de los distintos módulos, sin que se repita ninguna Unidad formativa.

⊃ **Si la especialidad no tiene unidades formativas,** las horas totales, presencial, distancia, teleformación serán igual a las sumas de esas horas de los módulos formativos, eliminando las horas de los módulos repetidos.

https://sede.sepe.gob.es/especialidadesformativas/RXBuscadorEFRED/BusquedaEspecialidades.do

(Fuente: Servicio Público de Empleo Estatal)

Índice

Unidad de aprendizaje 1
Fundamentos de la logística

1. Introducción	11
2. Concepto de logística	12
3. Actividades de logística	15
4. Estrategia logística	21
5. Dirección logística	32
6. Calidad logística	36
7. Resumen	39
Ejercicios de autoevaluación	43

Unidad de aprendizaje 2
Cadena de suministro

1. Introducción	49
2. Concepto	50
3. Planificación de la cadena de suministro	57
4. Compras y aprovisionamiento	63
5. Tipología de compras y modalidades de compras	70
6. Búsqueda y homologación de proveedores	72
7. Resumen	75
Ejercicios de autoevaluación	79

Unidad de aprendizaje 3
Logística de producción

1. Introducción	85
2. Nuevo paradigma industrial. *Lean management*	86
3. Simulación de procesos productivos	93
4. *Value stream mapping* (VSM)	98
5. Planificación y control de la producción	101
6. La teoría de las limitaciones (TOC)	105
7. Sistemas de simulación para la gestión logístico-productiva	108
8. Resumen	111
Ejercicios de autoevaluación	115

Unidad de aprendizaje 4
Distribución física, comercial y logística global

1. Introducción	121
2. Introducción a la distribución física y comercial	122
3. Tipología	127
4. Distribución y almacenaje. Redes logísticas	131
5. Almacenes	137
6. Transporte y transporte internacional	138
7. Procedimientos aduaneros	142
8. Operativa de transporte internacional	143
9. Seguro de transporte de mercancías	145
10. Resumen	147
Ejercicios de autoevaluación	151

Unidad de aprendizaje 5
Soporte logístico integrado

1. Introducción	157
2. Definición y características de un proyecto logístico	157
3. Tipos de proyecto logístico	164
4. Elementos de un proyecto logístico	169
5. Técnicas y herramientas de planificación, control y seguimiento de proyectos logísticos	177
6. Gestión económico-financiera de un proyecto	180
7. Resumen	183
Ejercicios de autoevaluación	187

Glosario

Glosario	191

Bibliografía

Bibliografía	195

OBJETIVOS GENERALES

Los objetivos generales del **COML017PO.Operatividad logística global,** son los siguientes:

- ⮑ Planificar, organizar, dirigir y controlar los embarques internacionales de la empresa, así como cuantificar adecuadamente el coste total, tiempo de tránsito y riesgos de la distribución física internacional.
- ⮑ Adoptar una visión global de los fundamentos de la logística.
- ⮑ Conocer las características generales de una cadena de suministro y su importancia en el sector logístico.
- ⮑ Analizar la logística de producción.
- ⮑ Generar una visión global en relación con las características y funcionamiento de la distribución física, comercial y logística global.
- ⮑ Conocer las características y objetivos del soporte logístico integrado.

Fundamentos de la logística

Contenido

1. Introducción
2. Concepto de logística
3. Actividades de logística
4. Estrategia logística
5. Dirección logística
6. Calidad logística
7. Resumen

Objetivos

El objetivo general de esta unidad de aprendizaje es:

→ Adoptar una visión global de los fundamentos de la logística.

Los objetivos específicos de esta unidad de aprendizaje son:

→ Aprender cuáles son las actividades en la logística.

→ Establecer una estrategia logística.

→ Desarrollar la dirección logística.

→ Generar calidad logística para la optimización del servicio.

→ Crear un ejemplo de un comercio electrónico.

1. Introducción

La logística es un elemento determinante en el sector comercial, puesto que las tareas y trabajos logísticos generan el puente de unión entre los diferentes mercados y la producción. Cuando se habla de logística de producción, se habla de una parcela del total de la logística.

Del mismo modo, cuando se habla de logística, se hace referencia al conjunto de recursos y medios que se requieren para poder organizar el sector y sus actividades.

Se debe decir que la logística de una organización empresarial tiene que agrupar tanto la gestion como la planificación de las tareas y trabajos de la empresa, lo que obligará a todas las unidades de la organización, sobre todo transporte, distribución, manutención y almacenamiento.

En cuanto a los objetivos de la logística, podemos citar los siguientes:

- ⮞ **Colocar los artículos necesarios.** Agrupando productos y servicios, que se disponen en la posición correcta en relación con el conjunto de aspectos y requerimientos que conllevan la venta y el sector.
- ⮞ **Asegurar la calidad del servicio.** Trabajar junto con una política de logística de distribución será la mejor opción para poder saber que los clientes están satisfechos con la calidad del servicio o producto, puesto que influirá la calidad del producto y los plazos de tiempo.
- ⮞ **Conseguir las condiciones ideales en cuanto a la relación coste-calidad.** Se conseguirá mediante el establecimiento de la logística de distribución para conseguir resultados ideales mediante el uso eficiente de los medios y recursos.

La cadena de suministro es un elemento necesario para todo el proceso logístico. Esta debe estar bien dirigida, agrupando factores como el transporte, la recepción, el envío, etc., además de las funciones asociadas a estos.

La cadena de suministro hace referencia al conjunto de instalaciones y de actividades que actúan en el ciclo de vida de un artículo hasta que este llega al consumidor final.

En Lola's S. L., saben que la función de la logística es un aspecto esencial a la hora de gestionar las mercancías que tienen en su almacén y mantener un *stock* suficiente de inmovilizado.

Es por eso que, desde la dirección de la organización, se debe implantar un modelo óptimo para la organización y gestión de los productos, para, de este modo, poder minimizar y reducir los costes correspondientes.

2. Concepto de logística

 **HILO CONDUCTOR**

En Lola's S. L., saben que la función de la logística es un departamento de la organización que tiene por misión generar el intercambio de bienes y servicios en el sector, a partir de elementos como la publicidad y el *marketing*, sirviendo de puente con el mercado y los consumidores.

La logística son todas aquellas tareas y actividades que se realizan para que un producto o artículo llegue finalmente hasta el cliente, desde que la organización adquiere las materias primas, y realizando el proceso de elaboración.

Las tareas y actividades de logística son básicamente el transporte, almacenamiento y distribución de los artículos.

 **NOTA**

Se tiene en consideración que la logística son todas las operaciones distintas a la elaboración o fabricación de un producto.

Es por ello que el departamento de logística es una de las unidades de la empresa que normalmente se externaliza.

El almacenaje y manipulación de los productos desempeña un papel determinante en la función logística.

La palabra **logística** procede del término francés *logistique*, y se empezó a usar para explicar el transporte, suministro y almacenamiento de las tropas militares.

La logística es el arte de gestionar y encaminar las materias y productos desde que se compran a los proveedores hasta que se consumen transformados en artículos necesarios para el consumidor final.

 **IMPORTANTE**

La finalidad de la logística es llevar el producto requerido hasta e cliente final, en la cantidad, en el momento necesario, en el mejor lugar, y al menor coste posible.

La logística aglutina una serie de **tareas y procesos** que deberá cumplir los siguientes objetivos:

- ➲ **Procesamiento de los pedidos:** es todo aquello asociado a las órdenes de compra.
- ➲ **Manejo de los materiales:** son todos aquellos procesos para trasladar y mover los productos en almacenes, y llevarlos hasta los diferentes puntos de venta.
- ➲ **Embalaje:** es el método para poder conservar y proteger los productos.
- ➲ **Transporte:** son aquellos recursos para trasladar el producto, como, por ejemplo, camiones, trenes, barcos, etc., además del establecimiento de la planificación de las rutas necesarias.

⊃ **Almacenamiento:** es el establecimiento y ubicación de los artículos, además de las características del almacén en cuestión.

⊃ **Control de *stock:*** concretar las existencias de los artículos que la figura del vendedor pueda tener en su tienda.

⊃ **Servicio al cliente:** afronta los medios y recursos para que el consumidor final pueda comprar el artículo.

2.1. El coste de la logística

El coste de un artículo puede varían en relación con el lugar o ubicación donde se encuentre el producto en sí.

 EJEMPLO

En España, el coste medio logístico se sitúa alrededor del 11 %, como consecuencia de la realización del transporte a través de la carretera.

En la Unión Europea, el coste se sitúa alrededor del 8 %.

En la actualidad, las organizaciones empresariales están intentando que sea el propio cliente el que se haga cargo del coste logístico.

Esto sucede sobre todo en el comercio electrónico, en el que los gastos correspondientes a los envíos los asume normalmente el consumidor final.

La logística en la empresa busca conseguir satisfacer las necesidades del cliente, entre otras muchas finalidades.

3. Actividades de logística

👉 HILO CONDUCTOR

En Lola's S. L., saben que las actividades de la logística deben realizarse de manera eficiente para poder satisfacer las necesidades de los clientes y aportar valor a la organización.

Por lo tanto, desde la gerencia de la organización, deberán supervisar y controlar continuamente aquellas tareas, actividades y medios para poder realizar todas estas actividades en las que se transportan los productos desde que estos son fabricados hasta que llegan finalmente al cliente.

Las actividades de la logística aglutinan una diversidad de tareas en muchos sectores de actividad, sobre todo en el comercio, y, ante todo, en la actualidad, en el comercio llevado a cabo por internet.

Debido al gran número de tareas y funciones que se realizan en la logística, se puede abordar exitosamente el problema de los plazos de tiempo existentes en el sector, y además solventar las distancias entre la figura del productor y la del consumidor.

Estos problemas se consiguen afrontar gracias a la aportación de valor a la compra, lo que mejora la experiencia del consumidor.

A pesar de que las diferentes actividades de la logística se desarrollan en gran cantidad de sectores de actividad económica, la logística actual ha conseguido tener una gran relevancia con el desarrollo del comercio electrónico.

 **SABÍAS QUE...**

El comercio electrónico actualmente es la principal forma de comercio, y se supone que, en los años venideros, el movimiento del comercio electrónico irá creciendo hasta establecerse como el principal motor comercial a nivel mundial.

Debido a los fundamentos del comercio electrónico, las actividades logísticas tienen cada vez una mayor repercusión, ya que es la única manera de trasladar el artículo o servicio hasta el consumidor, por lo que es un factor determinante.

LOGÍSTICA GLOBAL

El comercio electrónico se ha situado como la principal herramienta del comercio mundial.

La logística agrupa una gran cantidad de actividades y procesos, que se llevan a cabo en una gran cantidad de sectores de actividad económica.

Pero, en las organizaciones que tengan propiamente una unidad departamental logística, la gran mayoría de sus tareas y actividades cumplen, de un modo u otro, con alguna de las **funciones** principales de todo departamento de logística que se muestran a continuación:

⮑ **Control de inventario:** una de las principales tareas y funciones del mundo de la logística es el control y la gestión del inventario.
  El *stock* de los productos disponibles es vital para que estos se envíen al consumidor final, cuando el cliente lo requiera mediante la compra correspondiente.
  El control del inventario es una de las funciones del sector de la logística más determinantes, puesto que de este control dependerán el resto de tareas y actividades que se deben realizan a continuación, motivo por el que es de gran trascendencia.

⮑ **Procesos y tareas de almacén:** los procesos y tareas que se realizan en todo almacén están vinculados con el control de inventario, pero las diferentes tareas y métodos realizados en un almacén son diferentes.
  Las tareas y trabajos de la logística no se centran en que el inventario genere información en relación con la cantidad y el sitio concreto en donde se encuentre disponible el *stock*, sino, sobre todo, en todas aquellas tareas relacionadas con el mantenimiento y el trato de los artículos cuando estos están dentro del almacén.
  Del mismo modo, dentro de este tipo de funciones, habría que hablar de las tareas de *picking,* que será el tener que recoger y combinar los artículos en cargas unitarias, y además el empaquetado del artículo, dentro del propio almacén, antes de que aquel salga de las instalaciones.

- **Distribución:** la distribución es el conjunto de tareas y trabajos relacionados con la logística, basados en el transporte de los productos. Es la fase más llamativa y está relacionada con todas las actividades logísticas. La función de distribución se refiere a todo el conjunto de actividades enfocadas a que el producto se traslade desde un lugar hacia otro. Este transporte será desde las instalaciones de un almacén hasta el consumidor final, teniendo gran relevancia aspectos como el servicio de última milla, además del empleo de recursos digitales para garantizar la trazabilidad del artículo.
- **Trazabilidad:** la trazabilidad es otra de las funciones de la logística, siendo una actividad determinante. La trazabilidad tiene un papel protagonista en tareas y actividades como el transporte y la distribución, pero habrá que saber que la trazabilidad se refiere a las características y circunstancias del artículo desde que este es elaborado hasta que llega hasta el consumidor final.
- **Logística inversa:** como última, otra de las tareas y trabajos realizados en el mundo de la logística es la logística inversa. Pero, debido a que la logística suele asociarse a todas aquellas actividades que ofrecen la posibilidad de que los productos se trasladen hasta el cliente final, además se producen algunas situaciones en las que estas tareas van mucho más allá de la adquisición del producto por parte del cliente. Es aquí cuando se cita la logística inversa, y, como ejemplo de ello, se puede hablar de las devoluciones. Cuando un consumidor realice una devolución, las actividades que se realizan para volver a llevar el artículo hasta el almacén son también trabajos propios de la logística, siendo actividades imprescindibles para conseguir satisfacer las necesidades de los clientes, que influirán enormemente para que el consumidor vuelva a comprar en el mismo lugar.

APLICACIÓN PRÁCTICA

La trazabilidad de un producto es esencial para saber si este llega en las mejores condiciones. Es por ello que, en Asecum S. L., su responsable Antonio debe tener bien presente en qué consiste la trazabilidad.

Ayuda a Antonio a elegir cuál de las siguientes es la definición de trazabilidad.

Continúa en página siguiente >>

<< Viene de página anterior

- **Es el conjunto de tareas y trabajos relacionados con la logística, basados en el transporte de los productos. Es la fase más llamativa y está relacionada con todas las actividades logísticas.**
- **La trazabilidad se refiere a las características y circunstancias del artículo desde que este es elaborado hasta que llega hasta el consumidor final.**
- **Son procesos y tareas que se realizan en todo almacén y están vinculados con el control de inventario.**
- **Es una de las funciones del sector de la logística más determinantes, puesto que de esta dependerán el resto de tareas y actividades que se deben realizan a continuación, motivo por el que es de gran trascendencia.**

Solución

La definición correcta de trazabilidad sería la que se refiere a las características y circunstancias del artículo desde que este es elaborado hasta que llega hasta el consumidor final.

- -

3.1. El comercio electrónico en las actividades de la logística

El comercio electrónico es una forma de comercio que se centra en la comercialización de bienes y servicios a través de medios electrónicos, mediante plataformas web y redes sociales. El comercio electrónico es un modelo que está creciendo en los últimos años.

Al comercio electrónico se le llama *e-commerce,* siendo su principal cualidad la compraventa de bienes y servicios mediante medios digitales, como las páginas web, redes sociales, *smartphones,* etc.

La importancia del comercio electrónico es que las organizaciones empresariales y diferentes proyectos toman el comercio electrónico como otra estrategia más dentro de su planificación comercial.

La gran mayoría de empresas y compañías tienen páginas web y perfiles en las diferentes redes sociales, para poder hacer llegar sus artículos y servicios a la población usuaria de estos medios digitales.

Visto desde otro punto de vista, el comercio electrónico es un proceso en el que dos o más individuos llegan a un acuerdo comercial mediante medios electrónicos o digitales.

Para comercializar mediante medios digitales, es necesario generar una tienda web, además de ser una marca referente en internet, puesto que todo individuo puede comprar o vender mediante publicaciones en las plataformas y redes sociales.

 SABÍAS QUE...

A finales del año 2019, las ventas realizadas mediante páginas web y redes sociales tuvieron un aumento de alrededor del 16 % con respecto al año 2018.

Este aumento tiene su explicación en el empleo cada vez mayor de internet y de las redes sociales, entre las que destacan Facebook o Instagram.

Características del comercio electrónico

Del mismo modo que el comercio de siempre, el comercio electrónico tiene como misión obtener ventas.

Pero existen una serie de **características** que definen el comercio mediante medios electrónicos y digitales, y que lo distinguen, siendo las más relevantes:

- **Alcance global:** en años anteriores, cuando una compañía generaba ventas en otras zonas distintas a las originales, debía tener una gran organización, con distintas sucursales, agencias colaboradoras, y, por supuesto, una gran capacidad a nivel logístico. Pero, con el comercio electrónico, esto ha cambiado.
  A través de la venta mediante medios electrónicos, los clientes de todo el mundo pueden visualizar las tiendas *online* y comprar cualquier artículo o servicio.
- **Ubicuidad:** la ubicuidad hace referencia a la capacidad para poder estar presente en todo el mundo y al mismo tiempo.
  La ubicuidad es algo que se consigue mediante el comercio electrónico, puesto que una pagina web, y las publicaciones en redes sociales, por

ejemplo, pueden atender a los posibles clientes las 24 horas al día y los 365 días al año, en cualquier lugar del mundo.

 Interactividad: otro aspecto fundamental que ha conseguido desarrollar el comercio electrónico es la retroalimentación que se produce entre las distintas marcas y los usuarios.

En pocos segundos, los consumidores suelen plantear cuestiones y realizar comentarios sobre los artículos y servicios, además de establecer quejas y reclamaciones.

 APLICACIÓN PRÁCTICA

La empresa Comertal S. L. está ampliando su negocio a través de la comercialización de sus artículos y productos a través de internet, por lo que necesita saber, a través del responsable Rafael, en qué consiste el comercio electrónico y cuáles son sus características.

Ayuda a Rafael a elegir qué actividad o actividades puede realizar en su supermercado.

- **Realizar promociones y descuentos.**
- **Ubicar el establecimiento en cualquier lugar.**
- **Ubicuidad**

Solución

Un comercio electrónico debe cumplir con una serie de funciones, entre las que destacan la interactividad, el alcance global y, por supuesto, la ubicuidad, que hace referencia a la capacidad para poder estar presente en todo el mundo y al mismo tiempo.

Tipos de comercio electrónico

Además de la tipología de comercio electrónico, es determinante funcionar con las diferentes estrategias de venta, teniendo presentes los distintos embudos de compra, además de los diferentes públicos a los que van dirigidos los distintos productos y servicios.

A continuación, se muestran algunos de los distintos **tipos de *e-commerce:***

- **Business to consumer** (**B2C**): el modelo *business to consumer* (B2C) o comercio electrónico minorista conlleva la relación comercial entre el vendedor y el consumidor.
- **Direct to consumer** (**D2C**): este tipo de comercio se produce cuando el fabricando o elaborador realiza la venta directamente al cliente final.
- **Business to business** (**B2B**): este tipo de comercio se realiza entre dos empresas, y en el que una empresa vende sus artículos o servicios directamente a otra empresa.
- **Consumer to administration** (**C2A**): este tipo de relación se da cuando la Administración pública, a través de sus páginas web, informa sobre los diferentes servicios o propuestas.
- **Dropshipping:** es aquel tipo de comercio en el que se realiza, por parte de una parte, la función de captación del cliente, y finalmente se produce la compra, pero el resto de funciones logísticas, como almacenamiento, transporte, envío, etc., lo hace otra organización.

TAREA 1

Electromarket S. L. es una empresa que se dedica al comercio electrónico.

Ayuda a Electromarket S. L. a planificar cómo diseñar, de manera sencilla, un supermercado.

- -

4. Estrategia logística

 HILO CONDUCTOR

En Lola's S. L., saben que la estrategia logística en un medio necesario y fundamental para hacer guiar y crecer a la organización.

Es por ello que los responsables de las empresas deberán diseñar y establecer la estrategia logística que mejor se adecue a las necesidades de los clientes, y a las circunstancias de la organización y del sector.

- -

El camino desarrollado y tendencia actual a nivel tecnológico ofrece multitud de posibles estrategias a nivel logístico, para que las distintas organizaciones empresariales que se dedican al sector puedan conseguir sus correspondientes objetivos, obteniendo mayor eficiencia, minimizando los plazos de tiempo y con menores costes.

Es por ello que, si no se diseñan y planifican unas estrategias logísticas eficientes, las empresas y compañías pueden trabajar con unos altos riesgos, en relación con la seguridad y la vertiente económica, pudiendo perder competencia en el sector.

Las diferentes organizaciones empresariales deben diseñar estrategias logísticas para poder trabajar en condiciones de seguridad.

 **DEFINICIÓN**

Estrategias logísticas
Aquellas decisiones que deben afrontar las diferentes organizaciones empresariales para poder conseguir sus metas y objetivos, teniendo como referencia al cliente.

Por lo tanto, es el consumidor final o cliente la pieza básica sobre la que deben basarse todas las decisiones empresariales.

Es por ello que, por las exigencias de los consumidores, en la actualidad las existencias de gastos son cada vez mayores, teniendo que cumplir a rajatabla las expectativas de los clientes, ofreciéndoseles completa confianza, además del mejor de los servicios.

NOTA

Es por ello que se puede asegurar que la logística estratégica se debe emplear y es fundamental para generar aumentos en la productividad, competitividad de la organización, y, como no, aumentar la confianza de los clientes en las empresas.

En cualquier proceso logístico se puede establecer una serie de funciones básicas en relación con la estrategia logística. En la actividad logística se pueden establecer cinco funciones básicas que se generaron para poder mejorar la actividad.

A continuación, se muestran las **cinco funciones** básicas de la estrategia logística:

- **Inventario:** será imprescindible tener que abastecer a todas las partes que se responsabilicen de la producción con los insumos y las materias primas.
  Del mismo modo, habrá que controlar y supervisar que la producción generada sea la correcta antes de que el consumidor la adquiera.
- **Estructura productiva:** la estructura productiva hace referencia a la realización de una planificación relacionada con las instalaciones en las que la organización empresarial tenga que realizar la producción de sus productos correspondientes.
- **Comunicación e información:** mediante la comunicación y la información, se debe realizar un estudio, organización, recolectar, almacenar y recoger información concreta sobre los artículos y su posterior comercialización.
- **Manipulación de recursos:** en esta función, se produce la administración y gestión de los distintos recursos a la hora de tener que manipular los diferentes materiales. La manipulación de recursos se emplea para poder organizar las instalaciones del almacén y el inventario de la compañía.
- **Tráfico y transporte:** cuando se lleva a cabo el tráfico y el transporte por cualquier organización, se realiza el transporte de las materias primas para conseguir posteriormente elaborar el artículo o producto final.
  De este modo, será necesario e importante tener una buena calidad de las materias primas para la posterior elaboración.

Adicionalmente, existen una serie de estrategias logísticas, que cada organización empresarial debe estudiar a la hora de establecer para poder conseguir optimizar su actividad y que sea la que mejor se adapte a las circunstancias y requerimientos.

Por lo tanto, la organización empresarial deberá centrarse en aquellos artículos o productos que mejor se adapten a los requerimientos y necesidades de los clientes, además de respetar los plazos de tiempo y calidad, lo que necesita una profunda planificación en la que se vean implicados los proveedores, las materias primas, la manera de producir, las fábricas, comercialización, etc.

Estos condicionantes variarán en función de las dimensiones de la organización empresarial, del número de clientes que se tenga, y de los bienes o servicios que se pongan a la venta, entre otros aspectos.

Por lo tanto, hay que indicar que existen cuatro t**ipos de estrategias logísticas** para que cada organización empresarial pueda establecer en su modelo de negocio, y en función de una serie de características:

- **Pequeña logística:** esta estrategia se establece para poder cumplir con una demanda de aproximadamente unas cincuenta entregas al día.
  Las instalaciones de un almacén tienen sus límites, y un número pequeño de trabajadores puede ser el suficiente para poder llevar a cabo las tareas correspondientes.
- **Logística estructurada:** la logística estructurada es aquella en la que se puede atender una demanda de entre los cincuenta pedidos hasta los mil al día.
  En este tipo de situaciones, las dimensiones de las instalaciones de los almacenes tienen que ser mayores, y tener una organización más profesional.
- **Logística industrializada:** la logística estructurada es aquella en la que se puede atender una demanda de entre los cincuenta pedidos hasta los mil al día.
  En este tipo de situaciones, las dimensiones de las instalaciones de los almacenes tienen que ser mayores, y tener una organización más profesional.
  De este modo, el margen de error al realizar los trabajos debe ser mínimo, y el ritmo de trabajo tiene que ser muy rápido para poder cumplir con los requerimientos y acuerdos de la organización.
- **Externalización de la logística:** la estrategia de externalización de la logística es una vía bastante costosa.
  El objetivo principal de este tipo de estrategia es poder establecer y trabajar con instalaciones de almacenes de terceros, que tienen que tener la operatividad para poder hacer frente a una gran cantidad de producción.

Si se realiza una buena y eficiente ejecución de la estrategia elegida, además de una buena supervisión, control y gestión de esta por parte de todos los individuos y partes de la empresa, conllevará una mayor competitividad y aumento económico.

IMPORTANTE

Establecer una buena estrategia se verá recompensado con el poder conseguir mejores resultados. Asumir riesgos es un modo que tiene toda empresa si quiere seguir creciendo.

Es por ello que la importancia de los medios digitales y tecnológicos, además de los resultados que ofrecen, son determinantes para que la estrategia logística elegida cumpla con su función y obtenga los resultados esperados.

ACTIVIDAD COMPLEMENTARIA

1. Piensa y busca información en fuentes externas sobre dos comercios electrónicos y cómo plantean sus productos o servicios.

4.1. Estrategias logísticas exitosas

Las estrategias logísticas de distribución de cualquier organización empresarial conllevan mucho más que las bases operativas. Han ido obteniendo con el paso del tiempo un gran peso e importancia, siendo una ventaja competitiva en el tiempo.

Con el apogeo de las nuevas tecnologías de la información y comunicación, las organizaciones empresariales del sector y los centros de distribución han tenido que adaptarse a los grandes cambios y circunstancias experimentadas por las nuevas necesidades y requerimientos de usuarios y clientes.

También, con el empleo de las nuevas tecnologías como centro motor para todas las actividades de compra, las estrategias logísticas tienen que seguir evolucionando y apostando por agrandar las grandes apuestas que han surgido en las redes de distribución, que tienen como centro a los consumidores y a sus nuevos requerimientos.

De este modo, las organizaciones podrán ir más allá que la competencia y posicionarse como referente en los mercados del *retail*, bienes masivos, *e-commerce*, etc.

Para cualquier empresa dedicada a la logística, el establecimiento y seguimiento de su estrategia es fundamental para conseguir sus objetivos empresariales.

Hay que incidir en que los procesos logísticos son un medio determinante y estratégico para poder aumentar y ser mejor ante la competencia, y, como consecuencia de todo ello, aumentar el sistema productivo de todo país.

Es por ello que es necesario y básico que el sector privado y cada país puedan entender la relevancia de los cambios que realizar y cuáles son las necesidades reales del sector logístico.

4.2. Nuevos objetivos de las estrategias logísticas de distribución y transporte

En la actualidad, las diferentes estrategias del mundo de la logística en distribución se centran en la elección de los puntos de venta, la distribución y la gestión de los distintos centros de distribución. Con ello se quiere hacer entender que las diferentes estrategias logísticas podían dar respuesta a dónde vender los artículos y cómo trasladar los artículos.

Debido a los nuevos comportamientos y hábitos de compra de los clientes, las organizaciones dedicadas al sector logístico empiezan a intentar responder a la cuestión de cómo trasladar los artículos.

Este nuevo enfoque se puede explicar por la necesidad urgente de tener que establecer una estrategia de logística de distribución como un medio eficiente a la vez que económico.

Además, debido a que ya no se pueden obtener ventajas competitivas en la gestión de los canales de venta, debido a que la capacidad de innovación en este punto es muy difícil, también se basan en la capacidad de obtener nuevos modos para poder trasladar los productos, como es el caso de Amazon.

Las estrategias logísticas deben centrarse en cubrir los nuevos hábitos de compra de los clientes.

4.3. Aspectos necesarios para el establecimiento de estrategias logísticas exitosas

Como paso previo para la realización de un plan de estrategias logística que aglutine toda la operativa de la organización, será fundamental tener bien claro quiénes son los partícipes de todo el operativo.

De este modo, las estrategias en la logística deben fundamentarse en el flujo de la cadena de suministro, y, de este modo, reforzar el esfuerzo de la organización para poder aumentar la calidad del servicio y, con ello, poder asegurarse el éxito en todas las operaciones.

NOTA

Teniendo como referente la figura responsable de cada proceso logístico, habrá que analizar cuáles son los aspectos que los clientes requieren como parte esencial en las entregas, como, por ejemplo:

- Plazos de tiempo de espera
- El tipo de entrega
- La flexibilidad en la entrega
- Los costes de los envíos

Con todo ello, se podrá diseñar y establecer una estrategia logística de distribución en relación con las circunstancias y requerimientos de los consumidores y con la capacidad para poder cumplir con los compromisos.

El proceso de planificación anterior puede ser la base para que los responsables de las operaciones logísticas puedan llevar a una bajada en los costes, aumentar la gestión de las operaciones, y, con todo ello, conseguir aumentar el nivel de satisfacción de los clientes.

4.4. El caso de Amazon

La organización creada por Jeff Bezos ha intentado siempre generar nuevos modelos en relación con la cadena de suministro, aportando innovaciones e investigación para poder enviar y distribuir infinidad de productos que son comprados continuamente mediante la plataforma de la compañía.

Pero existe un problema, que es cuando los requerimientos de los clientes y consumidores de Amazon empiezan a ser distintos, siendo la confianza y los plazos de tiempo prioritarios, a la vez que llegan a ser mucho más complejos conforme la organización empieza a crecer.

En este punto, se genera un nuevo objetivo para la organización en el plan de estrategias logísticas, y es el de tomar la responsabilidad de la cadena de suministros ante el consumidor final, sobre todo por la baja calidad y poca seguridad que presentan los partícipes actuales en el sector.

SABÍAS QUE...

Las estrategias logísticas de distribución de Amazon intentaban responder a los obstáculos más determinantes del comercio electrónico:

- Tener seguridad en las operaciones.
- Realizar pruebas de los artículos antes de que estos fueran adquiridos.
- Gestión eficiente de los almacenes y distribución global.

Uno de los problemas principales a los que se enfrenta Amazon es la capacidad de distribución.

Una gran cantidad de envíos se quedaban sin salir en la bodega, y, por lo tanto, la calidad hacia el cliente no tenía la suficiente capacidad para lograr satisfacer al cliente.

Amazon es un referente a nivel mundial en relación con la distribución y entregas de todo tipo de paquetería. Sundry Photography / Shutterstock.com

Es por ello que una de las estrategias logísticas más importantes y revolucionarias de Amazon es la de generar su propia flota de transporte a nivel mundial, ya sea por tierra, mar o aire. De este modo, provocaría el reducir los costes a largo plazo, generaría una mayor flexibilidad en las entregas y fomentaría el aumento del grado de satisfacción de los clientes.

Con su propia flota de distribución, Amazon busca conseguir tres factores influyentes en el sector, que establecerán el futuro del sector de la logística de entregas para la organización, y, por ello, establecerían unas bases a nivel global en el sector.

Los puntos clave del sector serán:

Automatización
- La automatización y predicción de los volúmenes y de los artículos que se venden preferentemente a nivel global debe ser un objetivo prioritario a nivel de empresa.

Innovación
- Generar nuevos modelos en los medios de transporte, como en el caso de realizar entregas mediante drones, por ejemplo.

Terceros servicios
- Prestar el servicio a otras empresas, estableciendo un nuevo modelo de negocios.

TAREA 2

Alfonso ha empezado a trabajar hace poco tiempo en la empresa Osac S. L. como responsable del Departamento de Logística.

Su principal función será renovar el negocio y buscar conseguir tres factores influyentes en el sector, que establecerán el futuro del sector de la logística de entregas para la organización.

Ayuda a Juan a generar estrategias innovadoras para poder ser referente del sector.

4.5. La tecnología como centro de las estrategias logísticas en el transporte y distribución

Como sucede en el caso de Amazon en la logística y la distribución, las organizaciones empresariales tienen que saber lograr hacerse visibles en toda la cadena de suministro para poder entender claramente cuáles son los factores determinantes que obtener en las estrategias logísticas de distribución.

La colaboración y, por consiguiente, la comunicación en las partes intervinientes en toda cadena de distribución son fundamentales para poder conseguir la transferencia objetivo. Esta colaboración se puede conseguir mediante la implementación de recursos tecnológicos especializados en el sector logístico y de transporte.

Lo realmente importante es poder razonar los **elementos básicos,** que una herramienta de análisis de la gestión logística podrá entregar cuando se establezca la planificación logística:

Transparencia en las operaciones
- Actualmente, se trabaja con aplicaciones que muestran exactamente el momento en el que se encuentran cada una de las operaciones.

Comunicación directa
- Existencia de comunicación directa de la empresa con la flota de transporte y los consumidores finales.

Informes
- Realizar informes en tiempo real sobre la realidad de las operaciones aportará información importante para el desempeño de las operaciones.

Estudiar y analizar
- Capacidad para poder medir y estudiar el grado de satisfacción de los clientes ayudará a poder conseguir los objetivos empresariales.

Conforme la tecnología va aumentando y obteniendo un mayor compromiso en la organización y en la vida cotidiana de las personas y clientes, será fundamental saber que esta tecnología es necesaria para poder diseñar y generar las estrategias empresariales para poder conseguir cadenas de distribución logísticas inteligentes.

Es necesario que los responsables de los departamentos logísticos deban tener presente la relevancia de integrar todos estos elementos en el diseño de las estrategias logísticas de distribución, puesto que, aparte de ser imprescindibles para poder tener cierta capacidad competitiva, es una manera de poder generar elementos para poder conseguir ventajas comerciales y unos grandes grados de satisfacción entre los clientes.

5. Dirección logística

☞ HILO CONDUCTOR

En Lola's S. L., saben que la dirección logística debe realizarse de manera eficiente para conseguir los objetivos generales de la organización.

Es por ello que los responsables de las empresas deberán establecer una dirección logística que combine eficientemente los medios físicos, materiales y financieros, para que, funcionando en grupo, se puedan conseguir los objetivos generales.

El sector de la logística y todas las operaciones relacionadas desempeñan un papel esencial en la gestión de los procesos de almacenaje y transporte, puesto que funcionan como punto de unión entre las instalaciones donde se producen los artículos y los mercados, estando distanciados por distancia física y por tiempo.

En una cadena de suministro, el empleo de la logística se usa para establecer una planificación, gestión y supervisión del almacenaje de productos, además de los servicios fundamentales y el movimiento de información, que se sitúan en el origen del artículo, hasta que llega a la tienda, para ser vendido el citado artículo.

En cualquier proceso logístico, se suelen dar un número de fases que se producen de manera lineal, y que fluctúan en función de la naturaleza del artículo y de la actividad principal de las organizaciones.

Como aspecto básico, se emplean dos **canales** para que el bien se traslade desde su origen hasta el cliente:

Canal de aprovisionamiento	Canal de distribución

- En el canal de aprovisicnamiento, los bienes viajan desde su origen hasta las instalaciones de distribución o la fábrica correspondiente.	- Se produce cuando el bien viaja desde la fábrica o el almacén hasta la tienda donde se pone a la venta.

A continuación, se muestran las funciones de la logística en organizaciones a nivel industrial:

Aprovisionamiento
- La función de aprovisionamiento se explica desde el punto de vista de suministrar a las instalaciones de producción, de materias primas y demás, para que, en ritmo adecuado y volumen de producción óptimo, se reduzcan los costes.

Producción
- La producción conlleva el tener que gestionar todos los recursos relacionados con la producción, como la maquinaria, el personal, procesos de elaboración o fabricación, manipulación, envasado, etc.

Distribucion comercial
- La distribución comercial comprende toda aquella coordinación entre los distintos medios de transporte y almacén.
- En las instalaciones de un almacén, las tareas logísticas deben fomentar el análisis para poder establecer eficientemente su ubicación, cómo organizar los espacios, cómo colocar los productos, etc.
- A la hora de aplicar la logística al transporte, se deben generar una serie de medidas para poder elegir los mejores medios y optimizar las rutas de transporte.

Continúa en página siguiente >>

<< Viene de página anterior

Servicio posventa
- El servicio posventa se centra en la gestión de los pedidos realizados por los clientes, y por las devoluciones básicamente, además de analizar los requerimientos de los consumidores, hacer que la relación sea a largo plazo, etc.

 **NOTA**

Las funciones de la logística en organizaciones comerciales son el aprovisionamiento y la distribución.

Todo aquello que esté relacionado con el movimiento de mercancías dependerá de las metas de cada departamento de la organización, y de las dimensiones de la compañía.

En cuanto a las funciones logísticas en organizaciones de servicios, se debe indicar que el aprovisionamiento que requiere este tipo de compañías deben ser los productos que se compran para poder realizar la actividad, y, como normalmente se usan, no se pueden almacenar.

 **EJEMPLO**

En establecimientos de hostelería, aquellos aprovisionamientos como la comida, bebida, o la vajilla, cristalería, etc., siendo el número que se almacena bastante limitado, en función de las circunstancias.

5.1. Objetivos de la logística

El objetivo principal de la logística es poder satisfacer la demanda existente en cuanto a ofrecer el mejor servicio, calidad y al menor coste. Garantizar la calidad del artículo, que provocará una gran ventaja competitiva, y minimizar los costes repercutirá en mayores beneficios empresariales.

Es por ello que la logística se centra en cómo gestionar medios de transporte, aplicaciones informáticas, locales, etc., además de gestionar los medios humanos y financieros necesarios para la actividad.

Los responsables de los centros logísticos deben realizar una gestión eficiente de los recursos para conseguir los objetivos planteados.

Los **objetivos generales** de la logística son:

- **Compra eficiente de materias primas:** adquirir materias primas en las mejores condiciones para poder reducir tareas de desembalaje, adaptación, etc.
- **Reducir costes de transporte:** minimizar los costes es un objetivo prioritario en toda organización, y sobre todo en el sector de la logística.
- **Minimizar costes de manipulación:** reducir los costes de manipulación para intentar reducir el movimiento de la mercancía dentro de las instalaciones.
- **Minimizar los grupos de clasificación del** *stock:* conseguir esto mediante la reduccion del volumen, el espacio y demás.
- **Acortar las revisiones y control de existencias:** realizando las revisiones correspondientes de la manera más sencilla y transparente.

6. Calidad logística

 HILO CONDUCTOR

En Lola's S. L., saben de la importancia de la calidad, y sobre todo de la calidad logística, en el sector.

Es por ello que los responsables de la empresa deberán diseñar y generar modelos de calidad para que esta sea establecida en la organización, además de que sea percibida por los clientes, aportando una gran ventaja competitiva.

En una situación en la que existe una gran competencia, es necesario y fundamental que toda organización empresarial se apoye con un sistema de control de calidad o establecer una figura de referencia que se responsabilice de aportar todo aquello que requiera el cliente en los plazos de tiempo necesarios, con la calidad requerida, cantidad y tiempo acordado, etc.

El cliente actual tiene mucha información y muchas opciones a la hora de adquirir un bien o servicio.

 DEFINICIÓN

Calidad
Conjunto de principios, métodos y procesos en los que se apoya una organización empresarial para lograr satisfacer la satisfacción de los clientes, minimizando los costes y manteniendo la calidad.

La calidad logística es la capacidad para poder trasladar aquello comprometido en el plazo de tiempo y calidad acordados. Ser bueno ya no es suficiente, puesto que hay que ser perfecto, para que la imagen de la organización sea vista como la mejor.

Los planes se van ejecutando continuamente, pero la organización debe llevar una línea ascendente y de progreso.

6.1. Importancia de la calidad

Existen muchos aspectos que deben ser estudiados para poder comprender cuál es la importancia de la calidad en el mundo de la logística, y saber realmente si esta calidad se encuentra en todo el recorrido del proceso logístico.

Lo primero que se debe hacer es entender que la calidad se consigue mediante la suma de pequeños procesos, cuyo resultado intentan buscar, así como conseguir un gran servicio. Entre estos pequeños procesos se pueden citar la rapidez, el buen estado del artículo, la comunicación directa con el consumidor, buena gestión de almacenes y medios de transporte, etc.

 IMPORTANTE

La calidad siempre debe estar presente en cualquier organización empresarial, cualquiera que sea la actividad a la que se dedique.

En el mundo actual, las personas buscan artículos de calidad, y, como existe una gran oferta, pueden buscar y elegir aquel producto que mejor se adecue a sus requerimientos.

Al principio, los fabricantes no necesitaban diferenciarse, puesto que los consumidores adquirían lo que les ofrecían. Después, los fabricantes empezaron a buscar la diferencia del resto a través del precio, puesto que, en principio, el cliente compraría lo más barato.

 SABÍAS QUE...

La mejora de la calidad en los artículos a largo plazo minimiza el coste de estos.

Cuando aumenta la calidad de los artículos, el diseño y su proceso de elaboración, el artículo es más fácil de elaborar y se necesita menos materia prima.

Por lo tanto, los costes de elaboración disminuyen y el personal que trabaja en ello suele estar mejor formado y se puede adaptar mejor a las circunstancias.

La gestión de la calidad ha ido cambiando con la evolución del sector y se han ido fomentando el empleo de nuevos conceptos y métodos, además de eliminar aquellos otros cuyo empleo ya no es eficaz. Se puede asegurar que la evolución de la calidad ha ido caminando por diferentes etapas, en las que cada una de ellas ha ido trabajando para poder conseguir la calidad como se conoce actualmente.

Las **etapas de la calidad** son:

➲ **Control de calidad:** el control de calidad es considerado como la gestión de la calidad.
Los responsables del control de calidad deben asegurarse de que los productos son los requeridos. La existencia de un buen control de calidad ofrece grandes ventajas, ya que visibiliza un gran interés por parte de la empresa, y, además, demuestra que las tareas se hacen de manera exhaustiva.
También, permite poder detectar errores que se puedan corregir antes de que sea tarde.

➲ **Aseguramiento de la calidad:** los responsables de la organización deben tener presente la importancia y necesitad de la calidad en cualquier compañía, y empiezan a implantarse sistemas de gestión de calidad, como la norma ISO 9000.
Este aspecto hace que el cliente exija a la empresa para que ofrezca productos de mayor calidad.

➲ **Calidad total:** la calidad total ofrece a la empresa un cambio sustancial, puesto que todos los participantes deben asumir que la calidad es necesaria para todos, además de ser una responsabilidad.
La calidad total se centra en la búsqueda de un gran nivel de calidad en:

   ◑ Calidad del producto
   ◑ Calidad del servicio
   ◑ Calidad de gestión
   ◑ Calidad de vida

➲ **Excelencia empresarial:** el modelo de excelencia empresarial es una evolución del modelo de calidad total.
En la actualidad, existen dos modelos básicamente, que son el de Baldrige en Estados Unidos y el de la EFQM en Europa.

ACTIVIDAD COMPLEMENTARIA

2. Piensa y busca información en fuentes externas sobre dos negocios logísticos que hayan conseguido tener bastante éxito.

---

7. Resumen

La logística es todo recurso en el sector comercial, ya que las funciones logísticas aportan la unión entre la producción y los distintos mercados.

La logística está formada por un grupo de actividades y métodos que tienen que cumplir los siguientes objetivos:

En aquellas compañías en que exista un departamento logístico, la gran mayoría de trabajos tienen que cumplir con algunas de las principales funciones que cualquier departamento logístico debe cumplir:

El comercio electrónico se basa en la comercialización de bienes y servicios mediante medios electrónicos como las redes sociales, páginas web, etc.

Pero, realmente, el correo electrónico agrupa un número de características que definen el comercio electrónico, y que son:

Las cinco funciones básicas de la estrategia logística son:

En una cadena de suministro, el uso de la logística se emplea para poder generar y concretar una planificación, gestión y control del almacenaje de los artículos, incluso de los servicios básicos y el flujo de información, que se centran en el origen del producto hasta que llega a las instalaciones del minorista.

Existen dos canales fundamentales para que el producto circule hasta que sea adquirido por el cliente:

Los objetivos generales de la logística deben ser:

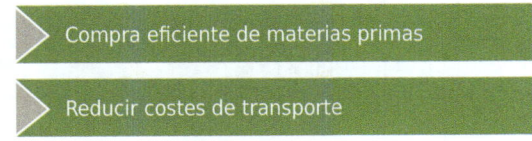

Continúa en página siguiente >>

<< Viene de página anterior

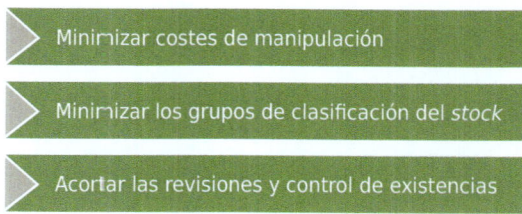

Minimizar costes de manipulación

Minimizar los grupos de clasificación del *stock*

Acortar las revisiones y control de existencias

La gestión de la calidad ha ido evolucionando con el tiempo, asumiendo nuevos métodos y procesos, y eliminando aquellos que ya no son necesarios.

Las etapas de la calidad son:

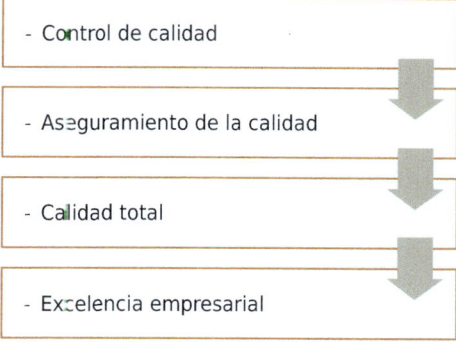

- Control de calidad

- Aseguramiento de la calidad

- Calidad total

- Excelencia empresarial

Ejercicios de autoevaluación
Unidad de Aprendizaje 1

1. Las tareas y actividades de logística son:

a. Transporte, almacenamiento y gestión de entregas.
b. Transporte y distribución de artículos.
c. Transporte, almacenamiento y distribución de los artículos.
d. Transporte, distribución de artículos y gestión de devoluciones.

2. La finalidad de la logística es...

a. ... llevar el producto requerido hasta el cliente final, en la cantidad, en el momento necesario y en el mejor lugar posible.
b. ... llevar el producto requerido hasta el mayorista, en la cantidad, en el momento necesario, en el mejor lugar y al mayor coste posible.
c. ... llevar el producto requerido hasta el cliente final, en la cantidad, en el momento necesario, en el mejor lugar y al menor coste posible.
d. ... llevar el producto requerido hasta el mayorista, en la cantidad, en el momento necesario, en el mejor lugar y al menor coste posible.

3. El coste de la logística en el coste total del artículo...

a. ... puede fluctuar de un artículo a otro y en función del gasto energético.
b. ... siempre es el mismo.
c. ... siempre varía de un artículo a otro y en función de. gasto energético.
d. ... puede fluctuar de un artículo a otro y en función del lugar correspondiente.

4. Actualmente, el comercio electrónico:

a. Es la principal forma de comercio.
b. Desempeña un papel secundario en el comercio.
c. Tiene grandes resultados según qué sector de actividad.
d. Puede variar dependiendo del sector de actividad económica y del país y su sistema económico.

5. **El comercio electrónico es una forma de comercio...**

   a. ... que se centra en la comercialización de bienes y servicios a través de medios electrónicos, mediante plataformas web, redes sociales y locales físicos.
   b. ... que se centra en la comercialización de bienes y servicios a través de medios electrónicos, mediante plataformas web y redes sociales.
   c. ... que se centra en la comercialización de bienes y servicios a través de medios electrónicos y locales físicos.
   d. ... que se centra en la comercialización solo de servicios a través de medios electrónicos y locales físicos.

6. **Indica si la siguiente oración es verdadera o falsa: "Si una compañía no respeta los distintos plazos de tiempo o los artículos comprados por los clientes no llegan en las condiciones pactadas, la imagen empresarial empezará a decaer, conllevando una bajada de ventas y, por consiguiente, de los ingresos".**

   ■ Verdadero
   ■ Falso

7. **Si se realiza una buena y eficiente ejecución de la estrategia elegida, además de una buena supervisión, control y gestión de esta por parte de todos los individuos y partes de la empresa, conllevará...**

   a. ... una mayor competitividad y aumento económico.
   b. ... una mayor competitividad y aumento de los ingresos.
   c. ... una menor competitividad y aumento económico.
   d. ... una menor competitividad y bajada en costes.

8. **Uno de los problemas principales a los que se enfrenta Amazon es:**

   a. Analizar la estrategia en *marketing*.
   b. La capacidad de distribución.
   c. Analizar la estrategia en publicidad.
   d. Seleccionar la competencia.

9. Indica si la siguiente oración en verdadera o falsa: "La colaboración y, por consiguiente, la comunicación entre las partes intervinientes en toda cadena de distribución son fundamentales para poder conseguir la transferencia objetivo".

   ■ Verdadero
   ■ Falso

10. El objetivo principal de la logística es:

   a. Poder satisfacer la demanda existente en cuanto a ofrecer el mejor servicio, calidad y al menor beneficio.
   b. Poder satisfacer la demanda existente en cuanto a ofrecer el mejor servicio, calidad y al menor coste.
   c. Poder satisfacer la demanda existente en cuanto a ofrecer el mejor servicio, calidad y al mayor beneficio.
   d. Poder satisfacer la demanda existente en cuanto a ofrecer el servicio, calidad y al mayor beneficio.

Cadena de suministro

Contenido

1. Introducción
2. Concepto
3. Planificación de la cadena de suministro
4. Compras y aprovisionamiento
5. Tipología de compras y modalidades de compras
6. Búsqueda y homologación de proveedores
7. Resumen

Objetivos

El objetivo general de esta unidad de aprendizaje es:

→ Conocer las características generales de una cadena de suministro y su importancia en el sector logístico.

Los objetivos específicos de esta unidad de aprendizaje son:

→ Aprender el concepto de cadena de suministro.

→ Establecer la planificación de la cadena de suministro.

→ Generar las compras y aprovisionamiento.

→ Conocer la tipología de compras y modalidades de compras.

→ Determinar la búsqueda y homologación de proveedores.

→ Crear un ejemplo de una cadena de suministro para productos de alimentación.

→ Crear un ejemplo sobre cómo establecer un departamento de compras eficiente.

1. Introducción

Una cadena de suministro es una red de organizaciones que se relacionan entre ellas para trabajar de forma conjunta a la hora de supervisar, gestionar y ayudar al movimiento de materias e información desde que los productos son generados o elaborados y aportados por los proveedores hasta que llegan al cliente final.

En toda cadena de suministro, existen una serie de eslabones o piezas que unen toda la cadena.

En una organización que se dedica a la producción, los plazos de tiempo que se tarda desde que se adquieren las materias primas hasta que llegan al cliente final dependen de elementos de embalaje o elementos sueltos en cualquier punto de la cadena de elaboración.

La cadena de suministro estaría formada por las siguientes piezas:

➲ Proveedores
➲ Medios de transporte
➲ Organización empresarial
➲ Consumidor
➲ Comunicación

Toda cadena de suministro persigue poder aportar el mejor de los servicios al cliente final. Es decir, llevar el producto hasta el cliente, en el tiempo acordado, en el lugar requerido y en términos de calidad óptimos.

En Lola's S. L., saben que la cadena de suministro desempeña un papel fundamental para poder gestionar la comercialización de los bienes y servicios de la organización.

Es por eso que, desde la dirección de la organización, se debe establecer una cadena de suministro eficiente para hacer llegar en condiciones óptimas la mercancía hasta el consumidor final.

2. Concepto

☞ HILO CONDUCTOR

En Lola's S. L., saben que la elección de la cadena de suministro desempeña un papel determinante en el éxito de la organización.

Es por ello que, desde la dirección de la organización, deben establecer aquella cadena de distribución que mejor se adecua a las características de los productos que comercializa, hábitos de consumo de los clientes, etc.

La cadena de suministro es un grupo de tareas, medios de distribución y con unas instalaciones para poder realizar la comercialización de un producto.

En la actualidad, toda cadena de suministro persigue:

Tener la suficiente capacidad de reacción ante los distintos cambios que se puedan producir. Es decir, tener disponibilidad del número de artículos, poder modificar o cambiar los diferentes canales de distribución, actuar con distintos medios de transporte, y funcionar ante distintas monedas en diferentes países.

Emplear los últimos medios tecnológicos y aplicaciones informáticas para poder administrar y gestionar la adquisición de productos, y poder trasladarlos hasta el consumidor.

Apoyarse en especialistas a nivel local que asesoren en cuestión de aspectos políticos, impuestos, medios de transporte, etc.

En cualquier cadena de suministro no se puede saber exactamente cuál es el eslabón final, puesto que, en unas, está llegando a este punto, y para otras se sitúa en el medio de la cadena.

Este conjunto de actividades se explica mediante la búsqueda de materias primas, para que, después, se transformen y fabriquen, además de ser trasportadas hasta que el artículo llega al cliente.

IMPORTANTE

La cadena de suministro es una actividad esencial y estratégica que necesita del trabajo en equipo de muchos procesos que son imprescindibles para que la producción llegue finalmente en las mejores condiciones hasta el consumidor.

En la cadena de suministro interactúan diferentes figuras en distintos niveles de producción. La comercialización de un bien o servicio constituye el insumo de otro en una cadena hasta que se llega al cliente.

Se puede asegurar, por tanto, que una cadena de suministro empieza con la figura del proveedor y finaliza con los consumidores.

La cadena de suministro está formada por diferentes eslabones, de los cuales el último es el cliente final.

Toda cadena de suministro tiene como misión general poder satisfacer los requerimientos y necesidades del consumidor.

 **EJEMPLO**

Imagina una cadena de suministro de fresas que se comercializan en un mercado, con lo que requiere los siguientes procesos: compraventa de semillas, herramientas, fertilizantes, y todo aquello que se necesita para poder realizar la plantación.

Continúa en página siguiente >>

<< Viene de página anterior

Después, habrá que recolectar y empaquetar las fresas para que puedan ser vendidas en los supermercados.

También habrá que tener en cuenta los medios de transporte que se necesitan para hacer llegar las fresas hasta los lugares de venta.

La venta en sí de las fresas a los clientes requiere de actividades de facturación, servicio posventa, etc.

- -

Además, toda cadena de suministro persigue los siguientes **objetivos:**

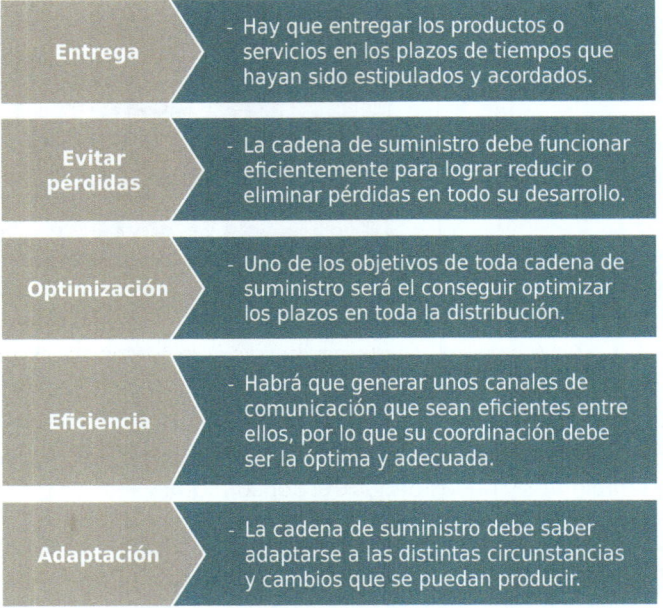

2.1. Elementos y tipos

En toda cadena de suministro, interactúan una serie de **elementos,** que se muestran a continuación:

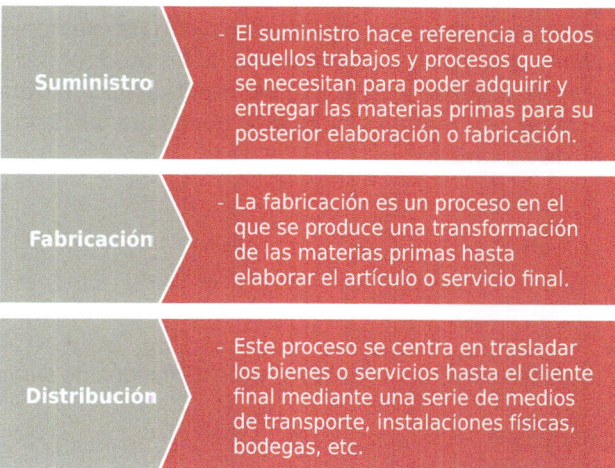

Además, se puede hablar de una serie de **tipos de cadena de suministros,** que se muestran a continuación:

- **Tradicional:** el tipo de canal de suministro tradicional se basa en que cada uno de los eslabones trabaja de manera independiente y con poca información entre ellos.
  Pero existe un problema, y es que, cuando no existe informacion interna, se producen muchos errores.
- **Directa:** este tipo de cadena de suministro es muy básica, puesto que solo existen tres figuras (proveedor, organización y consumidor).
  De este modo, se minimizan los posibles errores y aumenta la eficacia y, por supuesto, la velocidad en el suministro.
- **Estratégica:** el suministro en este tipo de cadena de suministro se centra en la planificación y distribución de manera eficiente en relación con el lugar donde se encuentre el receptor de la mercancía.
  Así pues, se pueden reducir los costes aunque puedan producirse mayores plazos de tiempo.
- **Compartida:** este tipo de modelo se emplea cuando existen distintas partes que realizan la elaboración del bien, y trabajan conjuntamente para realizar el suministro.
- **Sincronizada:** este sistema se emplea cuando se funciona bajo grandes volúmenes de demanda, lo que necesita un continuo movimiento de información.
- **Compleja:** una cadena de suministro compleja se emplea en las grandes empresas.
  Las organizaciones con distintas líneas de producto y proveedores necesitan una cadena de suministro compleja para acometer la actividad.

Hay que indicar que las cadenas de suministros no siempre son la misma, ya que su forma y sus procesos dependen de los productos o servicios con los que trabajen. Algunas veces, será necesario realizar algunas operaciones, adquisiciones o formas de distribución distintas a otro tipo de situaciones o cadenas de suministro.

NOTA

Las actividades comunes a todos los tipos de cadena de suministro son:

- Planificación
- Gestión de productos o servicios
- Administración de pedidos
- Supervisión de los imprevistos
- Atención al cliente
- Gestión de garantías
- Planificación y gestión de pagos

Además, hay que indicar que, en función del país donde se realicen las operaciones, con sus diferentes costumbres, políticas, formas de trabajar de proveedores, intermediarios, hábitos de compra por parte de los clientes, etc., las cadenas de suministro pueden variar o mezclarse en función de los tipos de cadena de suministro mostrados anteriormente.

 **EJEMPLO**

Imagina cómo funciona la cadena de suministro de un vehículo.

Lo primero será establecer las piezas que deben formar el vehículo. Entre estas materias primas, habrá que tener en cuenta el hierro, acero, combustible, etc. Después, hay que trasladar las materias adonde se producirá la elaboración. Por ejemplo, el petróleo se convierte en plástico y después en los salpicaderos de los vehículos, cajas de cambio, y resto de elementos del vehículo.

Continúa en página siguiente >>

<< Viene de página anterior

Cuando se han elaborado los elementos necesarios para que el vehículo se pueda producir, habrá que montarlo. Todos los componentes deberán ser trasladados a la fábrica de los vehículos, y se ensamblarán para que el vehículo pueda venderse. El vehículo se trasladará hasta el concesionario correspondiente, y allí se mostrará para que los clientes puedan comprarlo.

Finalmente, cuando un cliente compre el vehículo, se hacen todas gestiones necesarias para que el vehículo salga a la calle y pueda ser entregado al cliente.

2.2. Insumo

Un insumo es aquel elemento que puede dar servicio y satisfacer los requerimientos de las personas, haciendo referencia a las materias primas que se usan para elaborar nuevos productos.

En nuestra sociedad y en la economía, el término insumo se relaciona con materias anteriores para poder elaborar las materias o bienes finales, además de bienes semielaborados para la elaboración de otros.

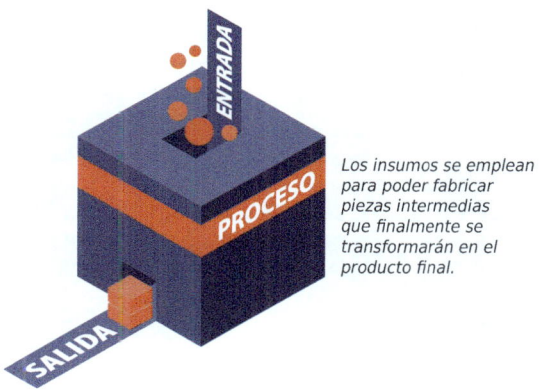

Los insumos se emplean para poder fabricar piezas intermedias que finalmente se transformarán en el producto final.

Los insumos se emplean para poder fabricar piezas intermedias que finalmente se transformarán en el producto final.

Los insumos deben tener unas características imprescindibles, y es que son elementos cuya finalidad es la producción de otros, y que tienen que adaptarse para la realización también con otros para la elaboración del bien.

También, siempre se destinarán para la fabricación de otros, y, por lo tanto, no son consumidos directamente.

 **EJEMPLO**

Imagina una *pizza*, que sería un producto que estaría formado por harina, queso, tomate, jamón, y el resto de ingredientes, que son los insumos.

Cada uno de estos ingredientes se puede consumir de forma independiente, por lo que no se considerarían como insumos, pero tienen que agruparse para poder elaborar la citada *pizza*.

Existen muchos tipos de insumos, que estarían clasificados en función de su finalidad, su uso o la etapa en la que se encuentren en el proceso productivo.

Tradicionalmente, los insumos se clasifican en:

Trabajo o mano de obra
- Son aquellos que establecen la masa laboral, y con ello se hace referencia a los trabajadores que aportan en un proceso de producción.

Físico o productivo
- Ya sean bienes fijos, como la maquinaria, tecnologías e innovación para poder elaborar en los procesos de fabricación.

Tierra o recursos naturales
- Este tipo de insumos serían aquellos como la tierra, el agua, etc.

Dentro del mundo empresarial, hay que decir que existe la herramienta matriz insumo producto, que muestra un cuadro de cuentas de doble entrada en el que se puede ver la relación existente entre los diferentes elementos productivos para que se exponga el bien final cuando interactúan o varían algunos de estos elementos.

Además, intenta explicar la relación de insumos perfecta para concretar el punto de equilibrio o de máximo beneficio empresarial en el que se rentabilizan todos los medios usados.

APLICACIÓN PRÁCTICA

La empresa Cotel S. L. está teniendo problemas a la hora de optimizar su cadena de suministro, por lo que, a través del responsable del departamento, Óscar, debe estudiar y analizar cuáles serían los elementos mínimos que deben formarla.

Ayuda a Óscar a elegir cuáles de los siguientes son los elementos mínimos en toda cadena de suministro.

- **Suministro, colaboración y distribución**
- **Suministro, fabricación y distribución**
- **Fabricación, colaboración y distribución**
- **Fabricación, distribución y comercialización**

Solución

Toda cadena de suministro debe tener, como mínimo, los siguientes elementos: suministro, fabricación y distribución.

---

3. Planificación de la cadena de suministro

 HILO CONDUCTOR

En Lola's S. L., saben que la planificación de la cadena de suministros debe ser uno de los objetivos principales de la organización.

Es por ello que los responsables de la empresa deberán apoyarse en las nuevas tecnologías de la información y comunicación, además de en la inteligencia artificial, para poder abordar las grandes luchas del futuro próximo.

En la actualidad, muchas organizaciones empresariales se apoyan en las nuevas tecnologías de la información y comunicación para ser más efectivas, veloces, visibles, y poder adaptarse a las circunstancias para poder prosperar.

En relación con la inteligencia artificial (IA), cada vez esta está más disponible para todas aquellas organizaciones que deseen prosperar en una sociedad cada vez más tecnológica y digital, y, sobre todo, para optimizar los sistemas de planificación de las cadenas de suministro.

La planificación de la cadena de suministro es un proceso que consiste en planificar los métodos y operaciones para que un producto, desde que este es una materia prima, llega hasta el lugar donde se va a comercializar, con la misión de dar equilibrio a la oferta y a la demanda.

Cuando los elementos y factores de la planificación de la cadena de suministro están completamente integrados, se pueden relacionar con la planificación empresarial integrada (IBP en inglés).

Es por ello que se realizará una exposición de todos los elementos fundamentales de la planificación de la cadena de suministro.

Años atrás, las organizaciones empleaban, sobre todo, sistemas de planificación de recursos empresariales (ERP) para poder ayudarse en relación con la información y datos de la empresa.

 IMPORTANTE

Actualmente, existen organizaciones que planifican con un grupo de hojas de cálculo y sistemas ERP, además del empleo de otros sistemas basados en la nube.

El modo de planificar la cadena de suministro puede conllevar al éxito o fracaso de la organización.

Además, estamos en unos tiempos en los que se producen continuamente sucesivos cambios por todo el mundo en la gestión de la cadena de suministro, por lo que no se puede avanzar si la planificación de la cadena de suministro se realiza de forma lenta y aislada.

Habrá que definir los elementos clave a la hora de gestionar la cadena de suministro, y, a continuación, habrá que concretar aspectos relevantes para poder transformar la cadena de suministro.

DEFINICIÓN

Planificación de la cadena de suministros
Proceso que se realiza a la hora de planificar un producto, desde la decisión de adquirir la materia prima hasta que el producto final es comprado por el cliente.

En toda planificación de la cadena de suministro, habrá que establecer los siguientes **procesos:**

- **Planificación del suministro:** este proceso concreta la mejor opción a la hora de poder cumplir con los requerimientos desde el plan de demanda. El objetivo es poder equilibrar la oferta y la demanda para poder conseguir los objetivos financieros y de servicios.
- **Planificación de la producción:** la planificación de la producción aglutina los procesos de producción y fabricación.
  Establece aspectos como los recursos materiales, personales y la capacidad de producción.
- **Planificación de la demanda:** es un procedimiento para poder prever la demanda, y, de este modo, poder asegurar que los artículos se pueden enviar de forma eficiente.
  Este tipo de planificación puede provocar aumentar la precisión de las previsiones en cuanto a ingresos, y, así, aumentar la rentabilidad de un canal o artículo en concreto.
- **Planificación de ventas y operaciones:** esta planificación es un procedimiento mensual que ofrece centrarse en elementos determinantes de la cadena de suministro, como la publicidad, la demanda, la producción, el *marketing,* inventarios, además de la creación de nuevos bienes.

NOTA

Hay que señalar que la revolución de la cadena de suministro digital está implantándose en estos días, y se puede asegurar que la innovación no se centra en la evolución y desarrollo de las máquinas, sino en saber realmente lo que quiere el cliente.

3.1. Innovación en la cadena de suministro

Para todas aquellas empresas y profesionales del sector, para poder satisfacer las necesidades de los consumidores de forma eficiente, habrá que desarrollar la innovación de la cadena de suministros basándose en la experiencia del cliente.

El hándicap en esta revolución de la cadena de suministro está centrado en la transformación de los individuos. Será necesario dejar de usar y emplear métodos obsoletos, además de diseñar y generar nuevos procesos. Es decir, se trata de realizar tareas que realmente satisfagan al cliente, y que no solo generen eficiencia.

La transformación digital no solo es la transformación de la cadena de suministro desde el punto de vista tecnológico, sino que habrá que tomar como referencia y establecer nuevos procesos comerciales.

Para conseguir el éxito en un mercado cada vez más competitivo y en progresivo crecimiento, las organizaciones y profesionales deben adaptarse a la nueva transformación digital, y crear nuevos procesos para poder conectar con las necesidades de los clientes.

A continuación, se muestran una serie de acciones que se deben llevar a cabo para poder conseguir una planificación eficiente en la cadena de suministro:

- **Realizar una planificación en tiempo real:** si se emplean sistemas ERP y hojas de cálculo para poder realizar la planificación, las organizaciones empresariales se centran en información histórica, lo que conlleva tener poco margen de cambio si se producen interrupciones en la oferta y la demanda.
- **Unir la planificación de la cadena de suministro con la planificación de la organización:** después de lo anterior, se deberá unir la planificación de

la cadena de suministro, que anteriormente ha sido un proceso aislado, con la planificación empresarial en cuanto a ventas y procesos financieros.

- **Anticiparse a la demanda del consumidor:** para todas aquellas organizaciones de bienes de consumo empaquetados, anticiparse a lo que realmente quieren los consumidores y cuándo lo necesitan es una lucha constante.

- **Emplear los datos en tiempo real:** actualmente, la planificación de la cadena de suministros conlleva un gran número de proveedores, canales, consumidores, precios, etc.

  Por lo tanto, habrá que emplear herramientas que ofrezcan el poder planificar con más efectividad, y reduciendo los posibles riesgos ante la posible falta de existencias.

- **Cerciorarse para adaptarse a los cambios:** la tecnología debe permitir planificar de forma eficiente y rápida.

La tecnología, que sigue evolucionando, la inteligencia artificial y los procesos de aprendizaje que se están desarrollando aportan una gran cantidad de publicidad en la gestión de la cadena de suministro.

Pero, a través de la publicidad, puede ser complicado saber cómo emplear todo estos nuevos procesos y pautas.

 **EJEMPLO**

Blockchain se puede usar para la gestión de una cadena de suministro para contratos inteligentes, aportando mayor seguridad, trazabilidad y eficiencia.

Poder influir en los responsables de las unidades departamentales de la organización en cuanto a las cadenas de suministro es esencial.

Además de todas estas herramientas y operaciones, aparece la cuestión de liderar la cadena de suministro a través de nuevas habilidades. A la hora de liderar el recorrido hacia el nuevo futuro, se requiere mezclar, como es obvio, aspectos técnicos, además de comerciales y capacidades de relacionarse y socializarse.

Poder influir en los responsables de las unidades departamentales de la organización en cuanto a las cadenas de suministro es esencial.

IMPORTANTE

Tener una visión sobre los negocios redundará en un trabajo mucho más eficaz en aspectos tan importantes como el área de ventas, publicidad, financiero, etc.

Aquella persona que lidere la cadena de suministro en el futuro debe ser una persona experta en nuevas tecnologías, con la capacidad de poder adaptarse y colaborar con las máquinas del futuro.

El empleo y colaboración con la inteligencia artificial es necesario para poder abordar los nuevos acontecimientos del futuro.

La colaboración y apoyo en la inteligencia artificial ha transformado el sector y expone el cambio que se está produciendo en las cadenas de suministro.

Poder adaptarse de forma efectiva a las nuevas tecnologías de la información y comunicación, junto con la inteligencia artificial, además de dejarse guiar a la hora de caminar por el recorrido que requiere la planificación de la cadena de suministro, conllevará el poder colaborar en la organización, ser resiliente para poder adaptarse a los continuos cambios del mundo globalizado, para poder minimizar costes, generar mayores beneficios, y, por consiguiente, obtener mayores eficiencias.

TAREA 3

Fernando trabaja en Corseget S. L., que es una empresa que se dedica al comercio minorista de productos de alimentación. Conseget tiene problemas en su cadena de suministro, por lo que Fernando, como responsable del departamento, debe analizar y estudiar la situación.

Están teniendo problemas en la cantidad de artículos, ya que existen situaciones en las que los clientes no pueden comprar productos básicos, y otras veces sobran.

Ayuda a Fernando y a Conseget S. L. a diseñar una cadena de suministro para que los artículos que comercializa lleguen en las mejores condiciones al punto de venta.

----

4. Compras y aprovisionamiento

☞ HILO CONDUCTOR

En Lola's S. L. tienen la firme convicción de la necesidad de implantar un sistema de compras y aprovisionamiento eficiente.

Es por ello que los responsables de la organización empresarial tienen que colaborar con proveedores eficientes, establecer acuerdos óptimos en precios, controlar y supervisar que los productos lleguen en las mejores condiciones hasta el cliente final, asegurar los suministros y materiales, etc.

En el sector de la logística, son muchas las organizaciones y profesionales que emplean los términos de compras y aprovisionamiento para aspectos completamente distintos. Aunque son dos aspectos bastante parecidos, el significado de cada uno de ellos acapara diferentes acciones.

NOTA

La función de compras la llevan a cabo los responsables de comprar bienes y poder gestionar los servicios esenciales para que la organización pueda funcionar correctamente, y, por consiguiente, poder conseguir los objetivos generales de la empresa.

Por lo tanto, la función de compras consiste en un conjunto de actividades de gran importancia para que las materias primas y demás se adecuen a las condiciones, características y requerimientos de la organización.

IMPORTANTE

La función de compras no es una función que deba realizarse de manera independiente.

La empresa tiene que coordinar las diferentes actividades, y unirlas con los trabajos y tareas del resto de unidades departamentales de la organización.

Es por ello que habrá que tener en cuenta los siguientes **aspectos:**

Presupuestos	- La función de compras debe colaborar con el resto de departamentos, y es por ello que habrá que tener en cuenta los presupuestos realizados por el departamento financiero.
Materias primas	- Habrá que cerciorarse de los requerimientos de las materias primas y cuáles serían los servicios de producción.
Cálculos	- Habrá que realizar eficientemente los cálculos necesarios para la gestión de *stock* y del almacén.

Continúa en página siguiente >>

<< Viene de página anterior

| Ventas | - Realizar una previsión de ventas es esencial, y estas deberán realizarse mediante el responsable comercial de la organización. |

4.1. Funciones

También habrá que tener en cuenta cuáles son las funciones de la función de compras, que se muestran a continuación:

- **Tendencias del mercado:** hay que realizar un estudio, evaluación y análisis de la evolución y tendencias del mercado para saber cómo actuar.
- **Proveedores:** hay que analizar y estudiar cómo realizan los envíos los proveedores con los que se colabora, midiendo aspectos como la cantidad y la calidad.
- **Mantenimiento de proveedores:** habrá que establecer relaciones duraderas y productivas con aquellos proveedores que aporten beneficios a la organización.
- **Optimizar costes:** hay que encontrar caminos para minimizar los costes de la empresa.

 DEFINICIÓN

Función de aprovisionamiento
Conjunto de tareas y actividades que lleva a cabo la organización en cuestión para poder abastecerse de los bienes necesarios.

4.2. Objetivos

Por último, la función de compras debe cumplir una serie de **objetivos** que son imprescindibles a la hora de llevar a buen puerto el funcionamiento de la organización:

- **Buscar proveedores adecuados:** la organización, y el departamento de compras, deberán encontrar aquellos proveedores que optimicen y garanticen la adquisición de aquellos materiales en condiciones óptimas de calidad, cantidad y plazos de tiempo.

- **Materiales de calidad:** comprar materiales de buena calidad es necesario y un requisito imprescindible para conseguir realizar un servicio eficiente.
- **Relación calidad-precio:** a través de la adquisición de materias primeras y demás, deberá establecer relaciones para conseguir aquellos materiales con la mejor relación calidad-precio.
- **Precios:** con los diferentes proveedores con los que se trabaje, habrá que establecer negociaciones para conseguir los mejores precios.
- **Condiciones de pago:** además de conseguir con los proveedores los mejores precios posibles, habrá que negociar con ellos las mejores condiciones de pago.
- **Suministros a tiempo:** en muchas ocasiones, existen urgencias, por lo que habrá que colaborar con aquellos proveedores que permitan poner a disposición suministros en tiempos reducidos.
- **Cerrar contratos:** posibilitar relaciones estrechas y cercanas determina el poder cerrar contratos óptimos para ambas partes.
- **Homologar proveedores:** poder homologar proveedores para poder ofrecer una imagen al mercado posibilita el obtener una ventaja competitiva.
- **Controlar calidad del producto y servicio:** una vez que el producto se comercializa, este debe ser supervisado para que pueda cumplir con las necesidades de los clientes.
- **Colaboración:** el departamento de compras debe trabajar codo con codo con el resto de departamentos de la empresa para conseguir los objetivos establecidos.

APLICACIÓN PRÁCTICA

Miguel Ángel, como gerente de Solviplant S. L., empresa dedicada a la producción y distribución de carnes de todo tipo, necesita realizar una evaluación sobre los criterios que tener en cuenta en relación con su Departamento de Compras.

Ayuda a Miguel Ángel a elegir cuál de los siguientes son los elementos que tener en cuenta por toda función de compras.

- **Presupuestos, materias primas, cálculos y ventas**
- **Presupuestos, productos semielaborados, cálculos y ventas**

Continúa en página siguiente >>

<< *Viene de página anterior*

- **Presupuestos, productos elaborados, comercialización y ventas**
- **Presupuestos, materias primas, ventas y atención al cliente**

Solución

Como responsable del departamento de compras, habrá que realizar un estudio y análisis de los presupuestos solicitados, de la calidad de las materias primas, realizar cálculos a la hora de obtener rentabilidades, y, por supuesto, generar y traducir todo lo anterior en el mayor número de ventas.

La **función de aprovisionamiento** tiene como misión una serie de **actuaciones,** que se muestran a continuación:

Planificación y gestión de compras
- Los responsables del aprovisionamiento de la empresa deben optimizar la planificación y gestión de las compras.

Almacenaje
- La función de aprovisionamiento de la organización deberá realizar y gestionar el almacenaje de los productos de la empresa.

Posibles mejoras
- Desde el departamento de aprovisionamiento se deberán plantear las mejores opciones para poder optimizar los movimientos de los bienes y servicios.

La **función de aprovisionamiento** persigue una serie de **funciones,** que se muestran a continuación:

Materiales necesarios
- Conseguir los materiales esenciales y prioritarios para la comercialización de los bienes y servicios de la organización es un aspecto esencial para determinar los éxitos de la organización.

Continúa en página siguiente >>

<< Viene de página anterior

Almacenaje

- El departamento de aprovisionamiento deberá gestionar eficientemente la forma en la que se almacenan los bienes, consiguiendo un *stock* mínimo necesario.

Inventarios

- Llevar una supervisión y control del inventario repercutirá en la reducción de los costes asociados.

Además, el departamento de aprovisionamiento persigue una serie de **objetivos** que determinarán la consecución de los objetivos marcados por la organización, y que se muestran a continuación:

Cálculo de necesidades

- El departamento de aprovisionamiento deberá estudiar y analizar las necesidades para que la empresa no se quede sin las materias primas necesarias, además del resto de suministros.

Inversión

- El departamento de aprovisionamiento deberá realizar cálculos para establecer inversiones mínimas en cuanto a los inventarios.

Sistema de información

- El departamento de aprovisionamiento deberá diseñar y generar un sistema de información para poder relacionarse con el departamento de compras, y que sea eficiente.

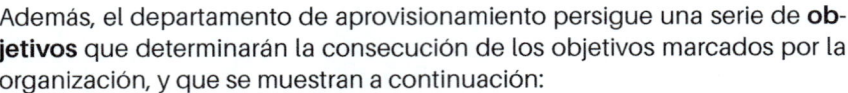

ACTIVIDAD COMPLEMENTARIA

3. Piensa y busca información en fuentes externas sobre dos ejemplos de formas de sistemas de información y comunicación empleados por las empresas en la actualidad.

TAREA 4

Alfonso es el responsable del Departamento de Compras de la empresa Estuarel S. L., y últimamente la calidad y servicio ha bajado, por lo que necesita reconducir la situación.

Su principal tarea, en estas circunstancias, será supervisar todos los procesos y actividades.

Ayuda a Alfonso a generar estrategias innovadoras para poder ser referente del sector y poder modificar la situación por la que está pasando la empresa Estuarel S. L.

4.3. Diferencia entre aprovisionamiento y compras

Hablando desde el punto de vista empresarial, las compras y el aprovisionamiento son términos que se suelen emplear de manera indistinta, ya que, a primera vista, pueden parecer conceptos iguales.

Pero hay que indicar que es necesario saber cuáles son las características para poder supervisar, controlar y adaptarse a las operaciones que se realizan en cada uno de estos términos, y, de este modo, conseguir los mejores resultados para la organización.

Realizando un estudio general, la gestión de las compras estaría formada por todas aquellas tareas que están relacionadas con la compra de bienes y servicios que se necesitan para que la organización pueda funcionar eficientemente; mientras que el aprovisionamiento se refiere a todas aquellas tareas relacionadas con la compra, almacenaje y la gestión de materiales relacionados con las actividades de producción.

IMPORTANTE

La misión principal de la logística de aprovisionamiento es conseguir que el bien fabricado se encuentre disponible para que el consumidor pueda adquirirlo

Continúa en página siguiente >>

<< Viene de página anterior

cuando lo requiera, en la calidad exigida, cantidad necesaria y en los plazos de tiempo determinados.

De este modo, se podrán minimizar los costes y las posibles pérdidas.

Es por ello que se puede asegurar que la función de compras es una parte de todo el proceso en cuestión.

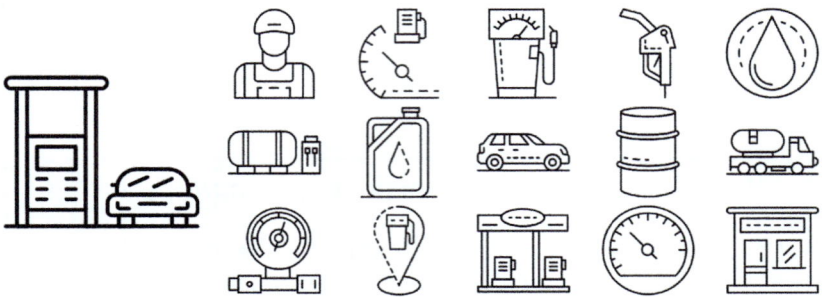

El objetivo general de la logística de aprovisionamiento será conseguir que el producto final sea adquirido por el cliente en las mejores condiciones.

5. Tipología de compras y modalidades de compras

☞ HILO CONDUCTOR

En Lola's S. L. saben que, en función de las circunstancias y necesidades existentes, se deberán adquirir los bienes y servicios en las mejores condiciones.

Por lo tanto, desde la gerencia y dirección de la organización, deberán asegurarse de la compra y adquisición de los productos en función de las necesidades y requerimientos de los clientes y consumidores finales.

Se debe asumir que todo el mundo es consumidor en algún momento, y que las acciones de compra se deben a diferentes factores. Factores económicos, emocionales, psicológicos, conductuales, etc.

De este modo, se podrá realizar un análisis de todas las acciones de compras que se vinculen a la frecuencia en las grandes organizaciones empresariales.

Un factor determinante a la hora de realizar compras en el sector logístico y en cualquier aspecto de la vida es el precio, pero, en la actualidad, este elemento está cobrando menor importancia.

Otros elementos que analizar serían el surtido, la comodidad, y ante todo el poder realizar la compra en el menor tiempo posible.

A continuación, se muestran las diferentes **clases de compras** existentes en la actualidad:

Compra ocasional
- Este tipo de compra es la que se realiza de manera esporádica para poder cubrir un requerimiento determinado.

Compra de proximidad
- En este tipo de compra se debe satisfacer la demanda de ciertos suministros de manera cercana, veloz y satisfactoria.

Compra de comodidad
- Las nuevas formas de comportamiento y hábitos hacen diferente la forma de consumir.
- Falta de tiempo, nuevos roles, etc., determinan que se busque la compra por comodidad, desarrollando maneras de creación de organizaciones de comidas a domicilio, compra por teléfono, internet, etc.

Compra de consumo
- En principio, todas las compras son para consumo. Es decir, se compra habitualmente, puesto que se necesita consumir para satisfacer los requerimientos de las empresas.

Además, las compras tienen un origen distinto en sus necesidades, pudiendo existir diferentes **modalidades,** que se detallan a continuación:

⊃ **Compras especiales:** esta modalidad de compra se produce con productos como maquinaria, mobiliario, medios de transporte, etc., no adquiriendo bienes que se pueden transformar o destinados para la venta posterior.

⊃ **Compras anticipadas:** estas compras se producen antes de que se produzca una necesidad. Esta estrategia se puede realizar al adquirir productos básicos y de primera necesidad.

Además, este tipo de compra se puede realizar previendo que se pueda producir la subida del precio de algún artículo.

⊃ **Compras estacionales:** este tipo de adquisiciones se producen en función de la época del año en la que se encuentre.

La previsión de esta modalidad de compras se puede hacer en función de las ventas realizadas en la misma época del año anterior.

⊃ **Compras rutinarias:** son adquisiciones en pequeñas proporciones y cantidades que se realizan a diario y a un precio normalmente pequeño.

⊃ **Compras de oportunidad:** estas adquisiciones se producen a precio muy pequeños o precios "ganga".

⊃ **Compras de urgencia:** estas compras no suelen ser muy grandes y se realizan para cubrir necesidades de imperativa necesidad y urgencia.

6. Búsqueda y homologación de proveedores

☞ HILO CONDUCTOR

En Lola's S. L., saben que la homologación de proveedores conllevará conseguir el éxito de la organización.

Es por ello que, desde la gerencia y dirección, deberán evaluar, mediante la realización de diferentes métodos, a los diferentes proveedores con los que se trabaja y con los que se pueda colaborar, para poder conseguir que la relación y resultados sean los mejores.

Debido a la complejidad del mercado actual y en el futuro, las organizaciones empresariales necesitan conseguir aumentar y optimizar sus rentabilidades.

La búsqueda y selección de proveedores es un elemento determinante, puesto que mantener una buena relación y colaboración con los proveedores puede establecer la gran diferencia con el resto de empresas.

IMPORTANTE

Mantener un buen grupo de proveedores que aporten confianza y minimicen el riesgo fomenta la homologación de proveedores en las adquisiciones, lo que supone un gran recurso para establecer eficacia y calidad con los proveedores.

Para el departamento de compras de cualquier organización, la relación y actividad con un proveedor es un elemento esencial para que la organización pueda conseguir eficientemente sus objetivos.

La homologación de proveedores es un proceso mediante el que las organizaciones empresariales comprueban que los proveedores cumplen con lo requerido y deseado.

Conforme va pasando el tiempo, las compañías suelen exigir mucho más a sus proveedores para que las cadenas de suministros sean más eficientes, y puedan satisfacer realmente las necesidades de los clientes.

La homologación de los proveedores facilita el reducir al mínimo el posible riesgo cuando se seleccionan proveedores, y, por ello, se consigue obtener una cadena de suministro mucho más fuerte.

NOTA

El proceso de homologación de proveedores consigue aportar respuestas hacia las preguntas desde el punto de vista de los proveedores.

Los procesos y maneras pueden cambiar, pero son las normas de calidad las que determinan cómo establecer un cuestionario de calidad para poder homologar a los proveedores.

Debido a las nuevas tecnologías de la información y comunicación que son empleadas por las organizaciones empresariales a través de programas informáticos y demás, es mucho más sencillo y transparente realizar todas estas cuestiones.

Existen una serie de **métodos** a la hora de poder homologar a los proveedores con los que se colabora:

- **Cuestionario de homologación:** este tipo de homologación se consigue a través del diseño de un cuestionario mediante una serie de preguntas en función de sus necesidades.
- **Auditoría:** la empresa en cuestión diseña un cuestionario con una serie de puntos en relación con las instalaciones del proveedor. Se hacen visitas a las instalaciones del proveedor, y se supervisan y evalúan las condiciones de estas.

  Finalmente, se obtiene una puntuación, que determinará que se pueda rechazar, aceptar o prolongar la homologación.
- **Test de producto:** este tipo de homologación se explica mediante la realización de una prueba durante un plazo de tiempo establecido a unos productos.

  Cuando finaliza el plazo de tiempo, se valida el empleo del producto, y se establece si se homologa o no.
- **Homologación por histórico:** la homologación por histórico intenta homologar a los proveedores que en la actualidad colaboran con la organización, y la relación y el resultado de la empresa es positiva.

  Es por ello que deberán estudiarse las reclamaciones realizadas, cómo se entregan los productos, las buenas relaciones, etc.

  En función de todo lo anterior, se determinará si se homologa o no al proveedor o proveedores.

En definitiva, la homologación de proveedores repercute directamente en la consecución de los objetivos de la organización.

Además, para que la homologación de los proveedores sea efectiva, este trabajo deberá realizarse con la colaboración de todos los intervinientes.

 **IMPORTANTE**

No es determinante el empleo de un tipo de método u otro a la hora de homologar a un proveedor, lo realmente importante será el resultado obtenido.

ACTIVIDAD COMPLEMENTARIA

4. Piensa y busca información en fuentes externas sobre cuál es el comportamiento de compra de las personas en España.

7. Resumen

Toda cadena de suministro es un conjunto de procesos y actividades que determinan que el producto llegue en las mejores condiciones hasta el punto de venta.

Cualquier cadena de suministro persigue:

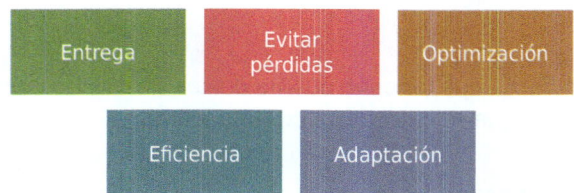

Toda cadena de suministro no siempre es igual que el resto, pues su forma y sus métodos variarán en función de los productos o servicios.

Un insumo se puede definir como aquel elemento que puede satisfacer las necesidades de las personas, como, por ejemplo, las materias primas que se necesitan para producir otros bienes.

Los insumos se clasifican en:

En cualquier planificación de una cadena de suministro, se deben concretar los siguientes procesos:

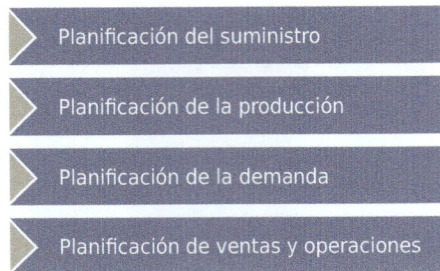

La función de compras es una responsabilidad de primer orden para que toda empresa pueda conseguir sus metas, y, por ello, poder generar rentabilidades.

Por lo tanto, se debe tener en cuenta:

También habrá que tener en cuenta cuáles son las funciones de la función de compras, que se muestran a continuación:

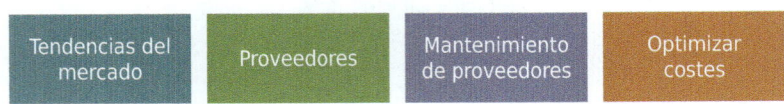

La función de compras debe perseguir un conjunto de objetivos que son necesarios para poder generar buenos resultados en la empresa:

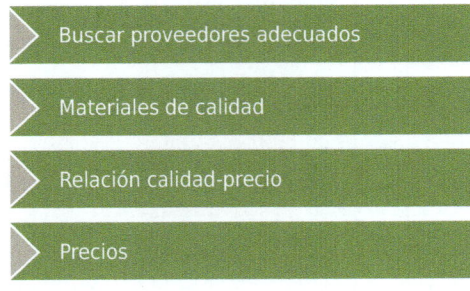

Continúa en página siguiente >>

<< Viene de página anterior

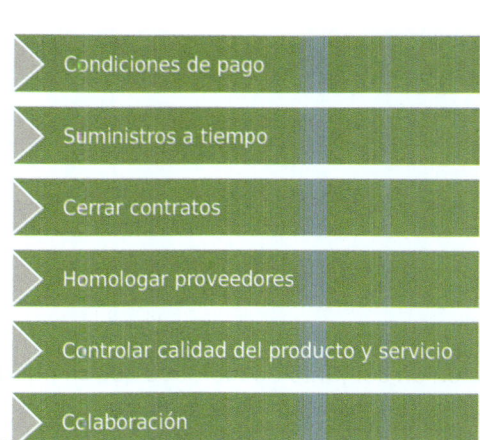

La función de aprovisionamiento debe realizar una serie de actuaciones que se determinan a continuación:

Las funciones de la función de aprovisionamiento son:

La realización de las compras se puede hacer de diferentes modos. Existen las que se muestran a continuación:

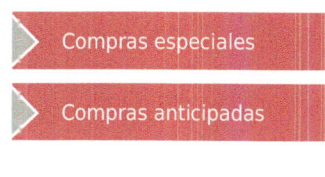

Continúa en página siguiente >>

<< Viene de página anterior

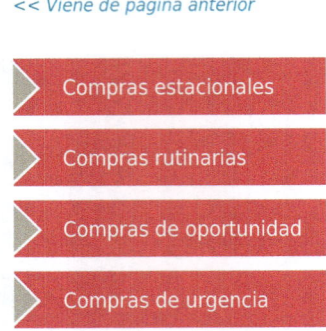

Además, existen un conjunto de métodos que se pueden emplear para poder homologar a los proveedores:

Ejercicios de autoevaluación
Unidad de Aprendizaje 2

1. **En una organización que se dedique a la producción, los plazos de tiempo que se tarda desde que se adquieren las materias primas hasta el cliente final:**

   a. Depende de elementos de transporte, almacenamiento y gestión de entregas.
   b. Depende del transporte y distribución de artículos.
   c. Depende de elementos de embalaje o elementos sueltos en cualquier punto de la cadena de elaboración.
   d. Depende del transporte, distribución de artículos y gestión de devoluciones.

2. **En la cadena de suministro interactúan diferentes figuras...**

   a. ... en distintos niveles de distribución.
   b. ... en distintos niveles de producción.
   c. ... en distintos niveles de facturación.
   d. ... en distintos niveles de comercialización.

3. **Una cadena de suministro:**

   a. Empieza con la figura del proveedor, y finaliza con los distribuidores.
   b. Empieza con la figura del proveedor, y finaliza con los consumidores.
   c. Empieza con la figura del proveedor, y finaliza con los elaboradores.
   d. Empieza con la figura del distribuidor, y finaliza con los consumidores.

4. **Toda cadena de suministro tiene como misión general...**

   a. ... poder satisfacer los requerimientos y necesidades del distribuidor.
   b. ... poder satisfacer los requerimientos y necesidades del publicista.

    c. ... poder satisfacer los requerimientos y necesidades del minorista.

    d. ... poder satisfacer los requerimientos y necesidades del consumidor.

5. Los insumos:

    a. Siempre se destinarán para la fabricación de otros, y, por lo tanto, no son consumidos directamente.

    b. Siempre se destinarán para la fabricación de otros, y, por lo tanto, son consumidos directamente.

    c. A veces se destinarán para la fabricación de otros, y, por lo tanto, no son consumidos directamente.

    d. A veces se destinarán para la fabricación de otros, y, por lo tanto, son consumidos directamente.

6. Indica si la siguiente oración es verdadera o falsa: "La planificación de la cadena de suministro es un proceso que consiste en planificar los métodos y operaciones para que un producto, desde que este es una materia prima, llegue hasta el almacén del distribuidor, con la misión de dar equilibrio a la oferta y a la demanda".

    ■ Verdadero

    ■ Falso

7. La planificación de la cadena de suministro es aquel proceso que se realiza a la hora de planificar un producto:

    a. Desde la decisión de adquirir la materia prima hasta que el producto final es elaborado por el fabricante.

    b. Desde la decisión de elegir al proveedor hasta que el producto final es comprado por el cliente.

    c. Desde la decisión de elegir al proveedor hasta que el producto final es almacenado por el distribuidor.

    d. Desde la decisión de adquirir la materia prima, hasta que el producto final es comprado por el cliente.

8. La función de aprovisionamiento es aquel conjunto de tareas y actividades que lleva a cabo la organización para poder...

    a. ... elegir a los proveedores adecuados.
    b. ... elegir a los distribuidores adecuados.
    c. ... abastecerse de los bienes necesarios.
    d. ... abastecerse de los insumos necesarios.

9. Indica si la siguiente oración es verdadera o falsa: "La misión principal de la logística de aprovisionamiento es conseguir que el bien fabricado se encuentre disponible para que el consumidor pueda adquirirlo cuando lo requiera, en la calidad exigida, cantidad necesaria y en los plazos de tiempo determinados".

    ■ Verdadero
    ■ Falso

10. Un factor determinante a la hora de realizar compras en el sector logístico y en cualquier aspecto de la vida es...

    a. ... el precio, pero, en la actualidad, este elemento está cobrando mayor importancia.
    b. ... el precio, pero, en la actualidad, este elemento está cobrando menor importancia.
    c. ... el coste, pero, en la actualidad, este elemento está cobrando menor importancia.
    d. ... el precio, pero, en la actualidad, este elemento está cobrando mayor importancia.

Logística de producción

Contenido

1. Introducción
2. Nuevo paradigma industrial. *Lean management*
3. Simulación de procesos productivos
4. *Value stream mapping* (VSM)
5. Planificación y control de la producción
6. La teoría de las limitaciones (TOC)
7. Sistemas de simulación para la gestión logístico-productiva
8. Resumen

Objetivos

El objetivo general de esta unidad de aprendizaje es:

→ Analizar la logística de producción.

Los objetivos específicos de esta unidad de aprendizaje son:

→ Conocer el nuevo paradigma industrial *lean management.*

→ Realizar una simulación de procesos productivos.

→ Estudiar *value stream mapping* (VSM).

→ Determinar una planificación y control de la producción eficiente.

→ Analizar la teoría de las limitaciones (TOC).

→ Evaluar los sistemas de simulación para la gestión logístico-productiva.

→ Crear un ejemplo sobre cómo establecer una metodología *lean.*

→ Crear un ejemplo sobre qué beneficios puede aportar la integración del modelo *lean management.*

1. Introducción

La logística de producción tiene que facilitar y garantizar que exista un movimiento eficiente y real de los materiales, desde el almacén de materias primas, producción, hasta que el producto final llega al almacén de la organización.

La industria 4.0 ofrece la posibilidad de generar sistemas de producción inéditos hasta la fecha, y con los que se podrá optimizar la calidad.

La logística de producción se basa en que la etapa entre la logística de aprovisionamiento y la logística de distribución hace referencia a la supervisión y control del transporte realizado, cómo se almacenan las materias primas y el resto de materiales.

El objetivo de la logística de producción se centra en la optimizacion del movimiento de los productos y materiales desde la zona de materias primas, la producción, y, posteriormente, cuando llegan los productos finales hasta el almacén de la empresa en cuestión.

Existen una serie de funciones que desarrolla la logística de producción, y que son bastante amplias. Pero las más destacadas son:

- ⮑ Optimizar la transformación de los elementos.
- ⮑ Transportar los materiales semielaborados hasta el siguiente punto.

En Lola's S. L., saben que la logística de producción es determinante para poder optimizar la producción de la organización. Por lo tanto, los responsables de la empresa deberán implantar un sistema que optimice la producción de la organización, aumentando la producción y reduciendo los costes.

2. Nuevo paradigma industrial. *Lean management*

 HILO CONDUCTOR

En Lola's S. L., saben que, debido a estar en un mundo globalizado, hay que ser más eficientes para lograr ser competitivos en el sector.

Por lo tanto, los directores de la organización deben implementar el modelo *lean management*, que ayuda a optimizar los procesos, eliminar todo aquello que sea innecesario y hacer partícipes a todos los implicados.

El sector industrial está acaparando en los últimos años una gran evolución y desarrollo a nivel digital y tecnológico hacia una nueva revolución industrial.

Las nuevas tecnologías de la información y comunicación ofrecen la posibilidad de generar mayores eficiencias en las cadenas de valor, pero hay que estar presente y tener en cuenta los procesos industriales, siendo figuras relevantes del cambio y desarrollo tecnológico para seguir siendo eficientes y rentables, además de competitivos, en el sector.

La metodología o filosofía *lean management,* que se usa mayoritariamente en el mercado industrial, pero también en otros, empieza su andadura como consecuencia del desarrollo y evolución de diversas técnicas para poder mejorar la producción, aumentando el valor al cliente y reduciendo lo que no sirve.

SABÍAS QUE...

Esta metodología ha tenido su origen en el sistema de producción Toyota (TPS), que fue realizado por Eiji Toyoda, y posteriormente desarrollado por Shigeo Shingo y Taiichi Ohno.

El sistema de producción Toyota (TPS) se centra en dos aspectos fundamentales:

Jidoka
- Este concepto explica la manera para intentar evitar la elaboración de bienes defectuosos cuando se paralice la producción, cuando exista un problema.

Just in time
- Este término contempla que hay que producir únicamente lo que se necesita, en la cantidad necesaria y que requiere el cliente y en el momento en que sea necesario.
- Hay que indicar que este elemento requiere como punto fundamental la colaboración de los individuos, relaciones de respeto entre ellos, y el trabajo de cada uno de ellos para que se produzca la mejora continua.

El término *lean* empezó a usarse en la década de los años ochenta por John Krafcik, y posteriormente fue avanzando a través de James Womack y Dan Jones.

Estos autores expusieron que los responsables de las organizaciones empresariales deben establecer un proceso de transformación *lean management* en las empresas, teniendo en cuenta tres **elementos** fundamentales para este proceso de transformación:

Propósito
- El propósito trata de saber cuáles son los verdaderos problemas de los clientes, y cuáles son sus requerimientos para poder saber qué tareas deben realizarse para generar un aumento del valor de la empresa que sea el necesario para la clientela.

Proceso
- El proceso conlleva tener presente cómo la organización tiene que asegurar en cada etapa que se genere aumento de valor, eliminando todo aquello que no sea necesario.

Individuos
- Saber que todos los implicados del equipo están involucrados en el trabajo, sabiendo que están activos en la mejora continua.

En los últimos tiempos, se ha producido una nueva problemática, que se centra en el objetivo de la excelencia operacional en relación con el proceso de transformación digital de las organizaciones empresariales.

Este proceso de transformación digital de las organizaciones se denomina *Industria 4.0,* según la cual, mediante el establecimiento de nuevas tecnologías, la industria aumenta su productividad y eficacia, generando un mayor conocimiento en relación con sus tareas y actividades, lo que posibilita la existencia de nuevos modelos de negocio.

NOTA

Llegado a este punto, hay que indicar que la *Industria 4.0* y el *lean* son compatibles, pero será cuando las nuevas tecnologías empleadas se apliquen cuando sean necesarias y tengan una finalidad.

Para poder establecer cómo se deben aplicar las tecnologías 4.0, habrá que usar un sistema cuyo objetivo será el tener que quitar lo innecesario tomando como referencia los aspectos básicos que generaron Womack y Jones.

El empleo de las nuevas tecnologías de la información y comunicación es esencial para la adaptación y generación de nuevos procesos productivos.

Será necesario tener muy presente no provocar o caer en errores que paralicen estos nuevos procesos, o incluso en el **sobreprocesamiento,** que es realizar una tarea o actividad extra que no es necesaria. Este sobreprocesamiento se puede producir al establecer medios tecnológicos que no son necesarios.

Además, deberán estudiarse todos y cada uno de los problemas existentes, puesto que en muchas ocasiones puede haber soluciones que no tengan que ser necesariamente digitales, y son sencillas para poder solucionar la situación.

En definitiva, se puede decir que el proceso de transformación digital y el uso de nuevos medios tecnológicos, en un centro de producción, tienen que centrarse en la ejecución de un plan de actuación que se haya generado anteriormente, y que determina la realización de todo a través de una serie de fases bien delimitadas. Estas fases deberán validar todo proceso realizado mediante algunos indicadores que permitan detectar rapidamente las desventajas y beneficios.

Así pues, se podrá asegurar un encaje completo entre el establecimiento de nuevos medios digitales y tecnológicos, y el aumento del valor aportado al cliente.

2.1. *Lean management*

En el mundo empresarial, se intentan buscar medios de gestión que sean lo más competitivos posible. Nos encontramos en un sistema de mercado global, en el que existe una gran competencia, donde las distintas organizaciones empresariales intentan ser lo más eficientes posible y poder diferenciarse del resto.

IMPORTANTE

El *lean management* es un sistema de innovación eficiente que, cada vez más, se está usando por las empresas con grandes resultados.

- -

Al principio, su uso fue realizado por las grandes corporaciones, pero, en la actualidad, es usado por muchas pequeñas y medianas empresas que emplean esta tecnología para poder minimizar costes, aumentando valor, y obtener mayores beneficios.

El *lean management* es una metodología muy innovadora en cuanto a la gestión empresarial. Es un modelo que ofrece un punto de partida exitoso, para poder gestionar las organizaciones empresariales, centrándose en las necesidades de los clientes.

Cuando se habla de *lean management,* se está tomando como base el valor, eliminar lo negativo, aportando valor a la mejora continua en la organización a través de:

Pérdidas de tiempo
- El *lean management* debe realizar un estudio de las actividades y procesos de la organización para poder optimizar los plazos de tiempo para poder acometerlos.

Esfuerzos de tiempo
- Todo aquello que realiza una organización debe ser revisado para encontrar la mejor manera de hacerlo, y, con todo ello, poder reducir los esfuerzos no necesarios.

Gastos
- Habrá que estudiar y analizar los gastos que no estén relacionados con el aumento de productividad, que, a continuación, tendrán que ser eliminados.

El *lean management* apareció en la empresa Toyota, en Japón, en la década de los años cincuenta. Después de la Segunda Guerra Mundial, tras una gran recesión, Toyota tuvo que llevar a cabo una gran lucha debido a una situación muy complicada.

Es por ello que debía producir solamente lo que iba a vender, y estableció un procedimiento para poder adaptar lo que se producía a lo que verdaderamente se iba a vender, y, por ello, se estandarizaron los procesos para poder asegurar la calidad que se requería.

El *lean manufacturing,* con el paso de los años, ha ido aplicándose a muchos sectores de producción, por lo que se ha convertido en un referente como modelo de negocio.

Cuando una organización quiere implementar el *lean management,* necesita que todos los participantes de la organización estén implicados, para lo cual tienen que cambiar pensamientos y estructuras en las empresas.

IMPORTANTE

Este nuevo modelo de negocio no incluye un modelo estándar, pues habrá que adaptarse a las características particulares de la empresa, y a las circunstancias en las que se encuentren en cuanto a su actividad y producción.

A partir de ello, a continuación se muestran los **pasos** para establecer una metodología *lean management* en una organización:

- **Conseguir empezar:** conseguir empezar es el paso más complicado y difícil. Este paso es complejo, ya que supone ir contra la inercia y trabajo que se está realizando inicialmente.
  El plan de acción habrá que realizarlo con conocimientos *lean,* además de tener una figura que posibilite el cambio, y poder encontrar ese elemento que posibilite el cambio para poder obtener resultados lo antes posible.
- **Análisis y evaluación de los productos y procesos:** después de lograr empezar, habrá que estudiar realmente los procesos y productos que se realicen en la organización.
  Será necesario, en este punto, emplear medios gráficos para poder entender mejor los puntos de optimización.
- **Planificación de la mejora:** después de analizar los procesos y productos de la empresa, se tendrán que establecer los objetivos, como optimización de los tiempos, reducción de costes, aumento del esfuerzo, etc.
  La planificación deberá distinguir las etapas de la aplicación de los procesos de mejora, además de realizar un calendario para su ejecución.
- **Ejecución del plan:** en este momento se produce la implementacion de las mejoras, empezando por aquellos aspectos tecnológicos, y la formación de la plantilla.
- **Monitorización y mejora continua:** después de la implementación, los cambios deben ser monitorizados para poder conocer los problemas existentes y conocer si se consiguen los objetivos establecidos.

2.2. Ventajas de *lean management*

Llevar a cabo un sistema de *lean management* en una organización aporta un número de **beneficios,** entre los que se destacan:

- **Procesos de producción:** los diferentes procesos productivos consiguen ser mucho más eficientes, minimizando los costes correspondientes.
- **Plazos de tiempo:** se minimizan los plazos de tiempo en los procesos realizados dentro de la organización.

  Anteriormente se empleaba mucho más tiempo en las diferentes actividades y trabajos, y ahora ese tiempo innecesario se emplea para aportar valor.
- **Empleados:** se consigue que los empleados sean mucho más productivos y eficientes, los cuales ejecutarán sus tareas y funciones en menos tiempo y con menos esfuerzo.

  Todos los trabajadores estarán mucho más satisfechos, lo que conlleva una mejora de la calidad del trabajo.
- **Pérdidas:** se reducen las pérdidas que se producen en los procesos productivos.

  El coste de las materias primas bajará debido a que ahora se controla y supervisa el proceso de producción.
- **Coste de inventario:** se realiza un control exhaustivo de las operaciones de inventario, eliminando aquellos costes innecesarios.
- **Atención al cliente:** mejora el servicio de atención al cliente.

  Entregar el bien al consumidor debe ser en mucho menos tiempo, y en el lugar donde el cliente lo necesite.

Este modelo elimina todo lo innecesario y que no aporte valor, además de necesitar la implicación de todos los participantes, y establecer un liderazgo eficiente para poder conseguir los objetivos.

 SABÍAS QUE...

El empleo de medios tecnológicos será otro elemento diferenciador para conseguir los objetivos y establecer el modelo *lean management.*

La actual tecnología existente abarca una gran cantidad de posibilidades para poder implementar el modelo *lean management,* como es el caso de los programas ERP.

3. Simulación de procesos productivos

 **HILO CONDUCTOR**

En Lola's S. L., deben estudiar y analizar el diseño y procesos productivos de su fábrica para optimizar la producción y eliminar aquello que sea innecesario.

Es por ello que pueden emplear diferentes medios tecnológicos que s mulen sus líneas de producción y empleo de recursos que conlleven optimizar la producción de la organización en todas sus facetas.

El diseño de las plantas a nivel industrial es una faceta de la ingeniería que establece el diseño, la construcción y pone en funcionamiento instalaciones. Estas infraestructuras pueden tener diversos diseños, como fábricas, centrales, zonas de tratamiento de residuos, etc.

La finalidad del diseño de las plantas industriales es conseguir aumentar la eficiencia y la seguridad de estas infraestructuras, consiguiendo, además, minimizar los costes de producción.

IMPORTANTE

Los ingenieros deben pensar en muchas circunstancias que se pueden dar en este tipo de proyectos, como son el acopamiento de materias primas, el traslado y almacenamiento de los productos terminados.

Además, los ingenieros deben asegurarse de que estas construcciones cumplan con toda la normativa legal vigente en relación con la seguridad y el medioambiente.

Los ingenieros deben asegurarse de que las instalaciones cumplen todos los requisitos de seguridad y funcionalidad.

La simulación de procesos productivos es un método utilizado para realizar el diseño y generación de las plantas industriales.

3.1. Empleo de aplicaciones informáticas

Esta simulación es una manera especial y concreta que ofrece poder simular cómo funciona en la realidad una planta industrial.

Con ello, se pueden establecer un conjunto de actuaciones, que se emplean para poder analizar diferentes circunstancias.

IMPORTANTE

La simulación de procesos productivos da una visión real a los ingenieros; les ofrece poder establecer y resolver los problemas que puedan surgir.

Debido a la simulación de procesos productivos, las organizaciones pueden realizar una planificación sobre cómo puede ser el diseño y cómo construir el complejo de manera óptima.

Además, se pueden usar estas simulaciones para poder analizar cómo puede impactar los cambios en los procesos, además de poder realizar un control más exhaustivo del empleo del equipamiento y minimizar costes innecesarios.

Estos modelos son un medio de gran valor para poder facilitar la automatización y elaboración de bienes y productos, además de obtener mayor seguridad en los centros de trabajo.

Cuando se generan simulaciones de distintos **layouts** y procesos de producción, se podrán concretar cuellos de botella y pérdidas de tiempo innecesarias.

 SABÍAS QUE...

Tecnomatix Plan Simulation es una herramienta informática sobre la simulación de eventos discretos que se emplea para el estudio y eficiencia en las cadenas de suministro.

Esta aplicación informática ofrece a sus usuarios poder establecer modelos sobre el movimiento de trabajo y estudiar cómo afectan los cambios en el diseño de las plantas antes de establecerlas.

Este *software*, además, se usa para poder planificar y controlar la producción, además de poder realizar la gestión de este tipo de instalaciones.

Tecnomatix Plan Simulation se puede emplear en inglés, alemán, italiano, francés, y chino, y es una herramienta de Siemens PLM Software.

Cuando se diseña una planta de manufactura, los ingenieros deben saber que existe un amplio número de elementos y aspectos, como pueden ser las necesidades y requerimientos del proceso de producción y el plano de la construcción.

La finalidad del diseño de una planta de manufactura es poder crear un modelo eficiente, eliminando lo máximo posible todo aquello que no sea necesario.

El uso de una aplicación informática para la simulación del diseño de plantas de manufactura es un recurso que se emplea para poder evaluar diseños distintos y poder establecer la mejor opción.

A través de la introducción de datos en el programa informático, además de cuáles son las metas y los medios, limitaciones, bienes, etc., los profesionales de la materia podrán ver como los *layouts* aportan novedades en la producción.

Todo ello ofrece crear un proceso de diseño óptimo en plazos de tiempo menores.

 SABÍAS QUE...

Siemens Plant Simulation es una aplicación informática para poder establecer posibilidades y soluciones para poder optimizar la *perfomance* de la salida de los productos de las instalaciones con una serie de medios limitados.

Cuando se generan simulaciones de distintos *layouts,* se podrá saber si existen cuellos de botellas y pérdidas de tiempo. Realizando pruebas, se podrán observar los errores posibles, y, de este modo, se puede encontrar la mejor solución para cada caso en cuestión.

Minimiza esfuerzos y posibles riesgos, y, de este modo, se conseguirá generar menos paradas y aumentar la productividad.

El empleo de programas informáticos para la simulación aporta diferentes opciones para todo tipo de instalaciones.

Estas aplicaciones informáticas están pensadas para poder saber dónde se encuentran los cuellos de botella en los procesos de fabricación. Ofrece a los usuarios poder establecer modelos virtuales de las líneas de producción y poder cerciorarse ante distintas posibilidades.

La ayuda que aportan estos programas es que potencian las mejoras por establecer, y que se pueden realizar en un proceso real de producción.

Además, puede realizar una medición sobre el impacto de las posibles modificaciones en las líneas de producción, empleo de equipamiento y uso de materiales.

 **APLICACIÓN PRÁCTICA**

Antonio es el responsable de una organización que se dedica a la producción y distribución de productos cárnicos, y para ello desea implantar una metodología lean, por lo que necesita saber cuáles serían los pasos para implantar este tipo de metodología.

Ayuda a Antonio a elegir cuáles de los siguientes son los pasos en una metodología *lean management.*

- **Planificación de la mejora, ejecución del plan y monitorización y mejora continua.**
- **Análisis y evaluación de los productos y procesos, planificación de la mejora, ejecución del plan y monitorización y mejora continua.**
- **Empezar, análisis y evaluación de los productos y procesos, planificación de la mejora, ejecución del plan y monitorización y mejora continua.**
- **Empezar, análisis y evaluación de los productos y procesos, planificación de la mejora y ejecución del plan.**

Solución

Toda metodología lean debe seguir una serie de pasos para que pueda ser integrada exitosamente, y que son empezar, análisis y evaluación de los productos y procesos, planificación de la mejora, ejecución del plan y monitorización y mejora continua.

TAREA 5

Barcamet S. L. es una empresa que se dedica a la producción y distribución de embarcaciones de recreo.

Jesús es el responsable de la organización y quiere implantar la metodología *lean* para optimizar el proceso y conseguir la mejora continua.

Ayuda a Jesús a establecer paso a paso la metodología *lean* en su empresa para optimizar los procesos.

----

4. *Value stream mapping* (VSM)

 HILO CONDUCTOR

En Lola's S. L., saben que la estrategia empresarial debe girar en torno al cliente. Centrarse en el cliente y saber todo lo que necesita para que este no viva en la incertidumbre.

Los responsables pueden emplear el *value stream mapping* (VSM) para saber cómo fabricar un producto, desde que se compran las materias primas hasta que el producto final se entrega al consumidor.

En la actualidad, los clientes requieren que los bienes o servicios adquiridos tengan la mayor calidad posible, y que, además, se entreguen en el plazo de tiempo estipulado y al precio planteado.

 IMPORTANTE

El proceso de producción no es algo que importe a los clientes, por lo que las organizaciones deben optimizar el proceso de producción para poder minimizar

Continúa en página siguiente >>

<< Viene de página anterior

los costes, eliminar lo innecesario, y que se consiga ser mucho más eficiente a la hora de entregar los bienes o servicios.

El *value stream mapping* es un recurso visual que ofrece el poder generar una idea de cómo puede hacerse el proceso de producción de un bien, desde que este se recepciona, se fabrica y se almacena hasta que finalmente se entrega al consumidor final.

Si se realiza un estudio del *value stream mapping* (VSM), se podrán tener diferentes posibilidades para poder mejorar los procesos existentes y aumentar la productividad de la empresa.

IMPORTANTE

El *value stream mapping* (VSM) intenta establecer aquellas tareas y funciones que no aportan valor en todo proceso de elaboración de un bien.

Este medio representa el movimiento de las materias primas, información y factores determinantes en todo el recorrido de la cadena de producción.

El *value stream mapping* (VSM) es uno de los recursos elementales en la metodología de fabricación *lean manufacturing*.

El mapa de flujo de valor se genera cuando se termina la cadena de producción, empleando la información recopilada.

Anteriormente, el diseño del mapa de flujo de valor se realizaba manualmente, teniendo como referencia el plazo de tiempo que se necesite para poder realizar el diagrama de manera correcta, introduciendo los movimientos, el empleo de personas en todas las fases de la elaboración, flujos, etc.

Es ahora cuando existen muchos medios y recursos que se usan para poder dibujar el mapa de flujo de valor de una cadena de producción.

Existe la posibilidad de emplear soluciones comerciales y opciones de código libre para elaborar el *value stream mapping* (VSM), y, de este modo, poder tener una idea general sobre la cadena de producción y todos los movimientos en los procesos e información.

A través de una hoja de cálculo Excel se pueden dibujar diagramas VSM. Se deben usar una serie de plantillas concretas que sirven para realizar los mapas de flujo de valor, y, de este modo, tener diferentes iconos de figuras que se emplean, y poder aprovechar las opciones que ofrece una hoja de cálculo *Excel*.

Para saber cómo hacer un VSM y poder dibujar un mapa de flujo de valor, habrá que seguir una serie de etapas para que el mapa sea dibujado de manera eficiente, y que posibilite poder estudiar el problema para poder averiguar aquellas tareas poco necesarias, para poder eliminarlas o cambiarlas.

IMPORTANTE

Para definir la demanda de los clientes, y centrarse en lo importante, se tendrá que dibujar el *value stream mapping* (VSM) desde el cliente.

A continuación, habrá que definir la demanda del cliente en un plazo de tiempo.

La siguiente etapa para el diseño del *value stream mapping* (VSM) es la de establecer diferentes procesos en los que se muevan los productos y la información.

Habrá que saber que el *stock* de las diferentes piezas o semiproductos se dibujará después. Los procesos se dibujan de izquierda a derecha, y tiene que aportarse información importante empleando datos y factores relevantes.

APLICACIÓN PRÁCTICA

Alejandro es el director-gerente de Distri S. L., empresa dedicada a la producción y distribución de muebles de madera, y desea eliminar una serie de elementos, que frenan su actividad, mediante la implantación de la metodología *lean*.

Continúa en página siguiente >>

<< Viene de página anterior

Ayuda a Alejandro a elegir qué elementos se pueden eliminar mediante la implantación de la metodología *lean management*.

- **Pérdidas de tiempo, mano de obra y gastos.**
- **Pérdidas de tiempo, esfuerzos no necesarios y gastos.**
- **Mano de obra, gastos y esfuerzos no necesarios.**
- **Mano de obra, pérdidas de tiempo y esfuerzos necesarios.**

Solución

La metodología *lean* intenta eliminar aquellos procesos que son innecesarios, y por ello es una metodología muy eficiente para cualquier organización.

Los elementos que elimina la metodología *lean* son las pérdidas de tiempo, los esfuerzos no necesarios y gastos.

 ACTIVIDAD COMPLEMENTARIA

5. Piensa y busca información en fuentes externas sobre dos empresas que empleen la metodología *lean management*.

----

5. Planificación y control de la producción

 HILO CONDUCTOR

En Lola's S. L., saben que la planificación y su control es un objetivo determinante en la empresa para reducir costes y optimizar la producción.

Es por ello que los responsables de las empresas deberán establecer sistemas de planificación y controlar la producción para que siempre se cuente con los materiales necesarios, con la plantilla adecuada y con la maquinaria en perfecto estado.

La planificación y control de la producción son funciones indispensables para las organizaciones manufactureras. Estas necesidades ofrecen a los fabricantes poder generar ventajas competitivas mediante planes de producción, y poder controlar sus operaciones a través de una mejora continua.

 ## DEFINICIÓN

Planificación y control de la producción
Proceso en el que se planifican y se controlan todos aquellos elementos relacionados con la producción y fabricación.

Dentro de la planificación y control de la producción habrá que introducir todo el material que se debe adquirir, el trabajo llevado a cabo por los trabajadores, empleo de la maquinaria y, finalmente, el traslado y transporte de los productos hasta el cliente final.

Para que una organización pueda alcanzar sus objetivos, debe contar con una gran estrategia de planificación y control de la producción. La estrategia de la planificación y control de la producción se basa en que todos los procesos que se llevan a cabo en las instalaciones de la empresa variarán en función de una adecuada planificación y control de la planificación.

 ## EJEMPLO

Si se programa el comienzo de la producción de las actividades a una hora en concreto, pero no se cuenta con los materiales para llevarla a cabo, se deberá posponer el comienzo de la producción.

Existen situaciones en las que se debe ajustar el programa de la producción para que la maquinaria que se emplea no tenga que estar funcionando sin estar realizando la producción.

Un sistema de planificación y control de la producción debe estar adaptado y diseñado para poder aumentar la eficiencia de sus actividades y, por consiguiente, generar rentabilidad en la empresa.

5.1. Objetivos de la planificación y control de la producción

En el campo de la producción se puede hablar de tres **elementos esenciales,** sin los cuales no se podría llevar a cabo la producción:

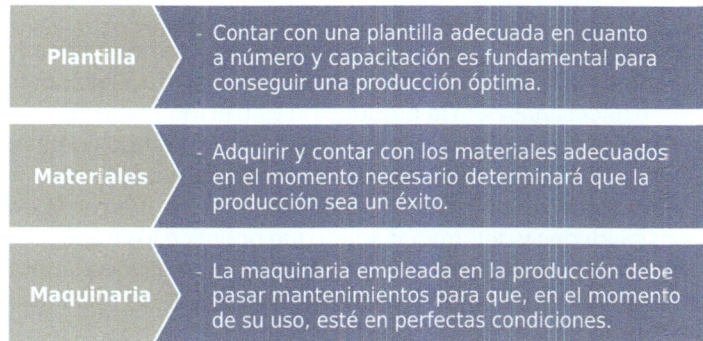

Es por ello que contar con un sistema de planificación y control de la producción introduce las tareas realizadas por los empleados, el uso de las máquinas y la aportación de los materiales para que los artículos lleguen en perfectas condiciones hasta el cliente final.

A continuación, se muestran los principales **objetivos** de la planificación y control de la producción:

- **Diseño:** se debe diseñar un sistema para que la producción se realice de forma eficiente, y pueda suministrar los productos en las condiciones pactadas.
- **Coordinación:** se deberá llevar un trabajo exquisito para poder coordinar todas las tareas que deba afrontar la producción.
- **Mantenimiento:** se deberá mantener un *stock* suficiente de materiales para que el gasto en la adquisición de estos sea el adecuado y no se gaste de más.
- **Flexibilidad:** habrá que mantener una flexibilidad necesaria en las actividades para que estas se puedan adaptar a las circunstancias.
- **Garantía:** se debe garantizar la elaboración de un artículo que aporte una calidad establecida y en el momento de tiempo requerido.

Para conseguir estos objetivos, los responsables del área de producción deberán establecer la producción mediante el uso de órdenes de fabricación a través del empleo de los centros de producción.

5.2. Funciones de la planificación y control de la producción

Todo proceso de planificación y control de la producción lleva aparejada una serie de funciones que deben realizarse para el éxito del proceso.

A continuación, se muestran algunas de las más relevantes:

- **Materiales:** todas las materias adquiridas, como materias primas, elementos y componentes, deberán comprarse en aquellas cantidades que sean necesarias para la producción y en el momento justo.
- **Máquinas y equipos:** del mantenimiento y tiempos de inactividad deben ocuparse los trabajadores del centro de producción.
- **Métodos:** en cuanto a los métodos, estos se centran en la evaluación de posibilidades y determinar aquel que optimice los trabajos.
- **Planificación de procesos *(routing):*** este objetivo se centra en la determinación del recorrido que tienen que seguir las materias primas para conseguir ser el artículo final.
- **Estimación:** cuando se haya determinado el método y las pautas, se deberán estimar los plazos de tiempo de todas y cada una de las operaciones.
- **Cargas y programación:** los equipos y maquinaria tienen que cargarse en relación con la capacidad que tengan para poder realizar un trabajo.

5.3. Importancia de la planificación y control de la producción

Después de haber desglosado qué es la planificación y control de la producción, junto con sus objetivos y funciones, toca hablar de la importancia que tienen todas estas actividades en una organización que se dedica a la producción.

Toda planificación del proceso de producción es un aspecto fundamental para toda empresa, independientemente del tipo de producto que produce, o el sistema que emplee.

En una unidad de producción, sin la existencia de una planificación y control de la producción, no se podrá realizar ninguna tarea de manera eficiente.

La planificación y control de la producción son factores determinantes para la consecución de producciones eficientes.

 IMPORTANTE

En la materia a la que nos referimos, la planificación de la producción hace referencia a la necesidad de producir para unidades de producción concretas, además de determinar la cantidad que se necesita producir en un plazo de tiempo determinado.

El control de la producción son todos aquellos métodos para poder tener los mayores resultados de producción y métodos de planificación de producción.

6. La teoría de las limitaciones (TOC)

 HILO CONDUCTOR

En Lola's S. L., saben de la importancia en la cadena de producción por lo que deben encontrar y explotar aquellas restricciones que limitan la producción.

Es por ello que los responsables de las empresas pueden basarse en la teoría de las restricciones (TOC) para poder identificar aquellas limitaciones que reducen la capacidad de producción.

Las siglas TOC *(theory of constraints)* se establecieron por Eliyahu M. Goldratt. Este autor empezó su investigación y evolución de esta teoría en formato novela, con su *best seller La meta.* En esta novela, el autor expone su teoría de forma animada, en relación con las organizaciones manufactureras que se encuentran al borde de la liquidación.

IMPORTANTE

La teoría se centra en que, por ejemplo, una fábrica está formada por una serie de elementos y que el sistema puede ser tan fuèrte como su eslabón más débil, o, dicho de otro modo, la limitación o cuello de botella.

Hay que indicar que el término restricción/limitación hace referencia a cualquier elemento o aspecto que limita para poder conseguir algo.

En esta teoría se presentan tres **tipos de limitaciones:**

Físicas
- Son aquellos trabajadores, máquinas o instalaciones que reducen o impiden que se consigan los objetivos.

Políticas
- Son aquellas pautas o protocolos que evitan que la organización consiga sus objetivos, como no realizar horas extras, trabajar a turnos, etc.

De mercado
- Las limitaciones de mercado son todas aquellas que son generadas o impuestas por el mercado en cuestión.

Además, la teoría de las limitaciones se centra en cinco **elementos:**

- **Identificación:** se trata de identificar las limitaciones del proceso de producción.
- **Explotación:** hay que desarrollar y explotar todas estas limitaciones.
- **Subordinación:** habrá que subordinar todos los planteamientos a la explotación.

- **Elevación:** hay que aumentar la capacidad de los cuellos de botella.
- **Repetición:** habrá que repetir para poder demostrar que no se repiten los cuellos de botella.

Muchas empresas emplean en la actualidad la teoría de las limitaciones como un método que sirve para poder identificar los cuellos de botella, y, de este modo, poder encontrar soluciones rápidas para solucionar sus problemas.

La teoría de las limitaciones muestra aquellas restricciones a las que debe hacer frente una planta de producción.

 TAREA 6

La empresa Cochetest S. L. tiene una planta de fabricación de vehículos de su marca, y necesita implantar la metodología *lean management* para establecer una serie de beneficios que otros métodos no consiguen.

Francisco es el responsable de planta y desea desarrollar esta metodología para generar los correspondientes beneficios a su empresa. Ayuda a Francisco a establecer y generar los beneficios de la metodología *lean management*.

7. Sistemas de simulación para la gestión logístico-productiva

☞ HILO CONDUCTOR

En Lola's S. L. saben de la importancia en la cadena de producción, por lo que deben encontrar y explotar aquellas restricciones que limitan la producción.

Es por ello que los responsables de las empresas pueden basarse en la teoría de las restricciones (TOC) para poder identificar aquellas limitaciones que reducen la capacidad de producción.

Los sistemas de simulación son herramientas tecnológicas muy eficientes y potentes para poder estudiar y determinar un método industrial, desde el punto de vista productivo o logístico, para poder proceder a identificar posibles problemas que puedan suceder y, de este modo, poder establecer aquellas medidas y modificaciones para que el problema no surja o se minimice.

Se debe tener en cuenta que la simulación no es lo mismo que la realidad, y, por ello, no se pueden determinar un resultado que sea igual a la producción real.

Las simulaciones del proceso logístico-productivo, si pueden mostrar resultados reales, se darán en entornos que sean ideales.

Además, se pueden observar ciertas desviaciones por factores externos imprevisibles, como puede ser la caída de internet, por ejemplo, en un momento determinado.

NOTA

La simulación de un proceso logístico es una representación mediante una aplicación informática, que generará las etapas de la cadena de suministro, desde que un artículo se produce hasta que este es adquirido por el consumidor.

Esta simulación permite tener una visión de cómo puede ser el proceso para poder saber como funcionan las etapas, y, de este modo, poder visualizar cuál puede ser el resultado.

La gran aportación de una simulación es que el resultado que se genera se centra en una serie de pautas objetivas, puesto que anteriormente se deben aportar a la aplicación informática muchos datos e información.

 EJEMPLO

Los medios empleados en un proceso de producción logístico, como pueden ser las tareas de los trabajadores, uso de materias primas, empleo de maquinaria, volumen de trabajo, etc., serían los datos que introducir en esta simulación.

Pero también se debe tener en cuenta la situación en la que se encuentran todos estos recursos, ya que el estado, por ejemplo, de la maquinaria que se emplea en la simulación, no tiene por qué ser la ideal, ni la misma, que cuando se realiza el proceso directamente.

 IMPORTANTE

En toda simulación de un proceso productivo-logístico, se deben estudiar a través de aplicaciones informáticas elementos como:

- Diseño de las instalaciones de almacenamiento
- Estudio del movimiento interno en las instalaciones
- Análisis del *picking*
- *Layout*
- Empleo de los recursos de forma eficiente
- Estudio de inventario
- Identificación de cuellos de botella
- Adaptación a fluctuaciones de la demanda y otros imprevistos

A la hora de realizar simulaciones en procesos logísticos, se deben emplear **herramientas informáticas** muy especializadas.

A continuación, se muestran las más relevantes:

> **Software de visualización de proyectos en 3D**
> - Esta aplicación resalta por su realismo y estar centrada en profesionales que están relacionados con proyectos de logística, procesos, resolución de dudas, etc.

> **Digital twin (gemelo digital)**
> - Es una representación virtual de un artículo y proceso, que se relaciona con un proceso real, representado mediante sistemas ciberfísicos.
> - Lo que se consigue, según los expertos, es algo espectacular, puesto que, con la información recogida, se genera un modelo muy preciso en relación con la realidad.

7.1. Ventajas de simulación de procesos logísticos

Las simulaciones de los procesos logísticos ofrecen la posibilidad para poder planificar, gestionar y optimizar los procesos logísticos.

Estos resultados que aportan las simulaciones de los procesos logísticos permiten eliminar o reducir todo aquello que sea innecesario.

A continuación, se muestran una serie de **beneficios o ventajas** que pueden aportar las simulaciones de los procesos logísticos:

- **Predicción:** las simulaciones aportan el poder predecir cómo va a funcionar el sistema logístico-productivo.
- **Optimización:** las simulaciones facilitan la optimización del sistema productivo y logístico, sabiendo cómo van a impactar las variaciones.
- **Errores:** se consiguen identificar errores antes de que se produzcan, estando prevenidos.
- **Ensayo:** se realizan ensayos sobre circunstancias complicadas, que permiten resolver situaciones de crisis.
- **Tiempos de producción:** aumentan los tiempos de producción en las plantas de elaboración.
- **Costes:** disminución de los costes de producción.
- **Rentabilidad y productividad:** aumento de la rentabilidad y productividad.
- **Herramienta excepcional:** las simulaciones de los procesos logístico-productos es un recurso muy valioso para el departamento de ventas.

ACTIVIDAD COMPLEMENTARIA

6. Piensa y busca información en fuentes externas sobre dos empresas que realicen eficientemente una planificación y control de su producción.

8. Resumen

Debido a la revolución tecnológica y digital, el sector industrial está sufriendo una gran transformación.

La metodología *lean management,* que se usa principalmente en el sector industrial, emerge con el desarrollo y evolución de varios métodos para mejora la producción, aumentando el valor al cliente, y eliminando lo inservible.

El proceso de transformación digital y el empleo de nuevos recursos tecnológicos en una planta de producción deben centrarse en un plan de actuación generado previamente.

Al hablar de *lean,* se toma como referencia eliminar lo innecesario, aportando valor a la mejora continua mediante la eliminación de:

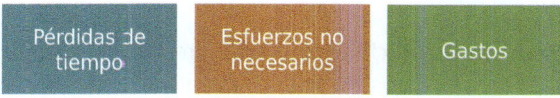

| Pérdidas de tiempo | Esfuerzos no necesarios | Gastos |

A continuación, se exponen los pasos para poder implantar una metodología *lean* en una empresa:

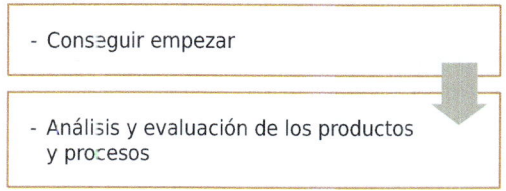

- Conseguir empezar

- Análisis y evaluación de los productos y procesos

Continúa en página siguiente >>

<< Viene de página anterior

- Planificación de la mejora

- Ejecución del plan

- Monitorización y mejora continua

Llevar a cabo un sistema de *lean management* en una organización aporta un número de beneficios, entre los que se destacan:

El *value stream mapping* es un recurso visual que permite hacerse una idea de cómo producir un artículo. La planificación y control de la producción es un proceso en el que se planifica y se realiza un control de todos los procesos y factores implicados en la producción o elaboración.

En todo proceso de producción existen tres factores determinantes, que deben funcionar, y, sin ellos, no se podría realizar eficientemente la producción:

Cualquier proceso de planificación y control de la producción conlleva un conjunto de funciones.

Las funciones más importantes son:

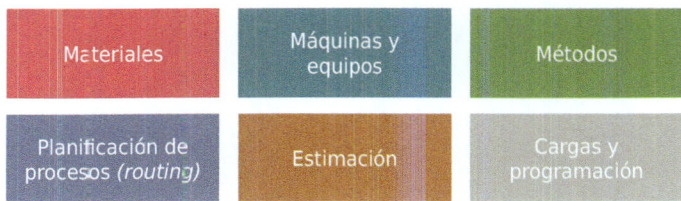

En esta teoría se presentan tres tipos de limitaciones:

A la hora de realizar simulaciones en procesos logísticos, se deben emplear herramientas informáticas muy específicas.

A continuación se muestran las más relevantes:

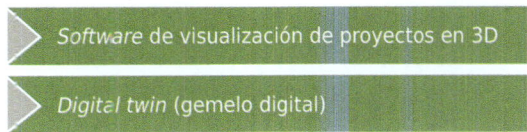

Ejercicios de autoevaluación
Unidad de Aprendizaje 3

1. El objetivo de la logística de producción se centra...

    a. ... en la optimización del movimiento de los productos y materiales desde la zona de materias primas, la producción y, posteriormente, cuando llegan los productos finales hasta el consumidor final.

    b. ... en la optimización del movimiento de los productos y materiales desde la zona de materias primas, la producción y, posteriormente, cuando llegan los productos finales hasta el almacén de la empresa en cuestión.

    c. ... en la optimización del movimiento de los productos y materiales desde el almacén de los proveedores y, posteriormente, cuando llegan los productos finales hasta el almacén de la empresa en cuestión.

    d. ... en la optimización del movimiento de los productos y materiales desde el almacén de los distribuidores y, posteriormente, cuando llegan los productos finales hasta el almacén de la empresa en cuestión.

2. Las nuevas tecnologías de la información y comunicación ofrecen la posibilidad de generar mayores eficiencias:

    a. En la cadena de distribución.

    b. En el proceso de almacenaje.

    c. En las cadenas de valor.

    d. En los inventarios.

3. El término *lean management* empezó a usarse en la década de los años...

    a. ... ochenta.

    b. ... setenta.

    c. ... noventa.

    d. ... sesenta.

4. Este _____ se puede producir al establecer medios tecnológicos que no son necesarios.

    a. sobreprocesamiento
    b. sobreexposición
    c. sobreexplotación
    d. eficiencia

5. El *lean management* es una metodología muy innovadora en cuanto...

    a. ... a la distribución comercial.
    b. ... a la gestión logística.
    c. ... a la producción y logística empresarial.
    d. ... a la gestión empresarial.

6. Indica si la siguiente oración es verdadera o falsa: "El modelo *lean management* elimina todo lo innecesario y que aporte valor, además de necesitar la implicación de todos los participantes, y establecer un liderazgo eficiente para poder conseguir los objetivos".

    ■ Verdadero
    ■ Falso

7. La finalidad del diseño de las plantas industriales:

    a. Es conseguir aumentar la eficiencia y la seguridad de estas infraestructuras.
    b. Es conseguir una mayor competitividad y aumento de los ingresos.
    c. Es conseguir una menor competitividad y aumento económico.
    d. Es conseguir una menor competitividad y bajada en costes.

8. La simulación de procesos productivos es un método que se basa para...

    a. ... analizar la estrategia en *marketing*.
    b. ... realizar el diseño y generación de las plantas industriales.
    c. ... analizar la estrategia en publicidad.
    d. ... seleccionar la competencia.

9. Indica si la siguiente oración es verdadera o falsa: "La simulación de los procesos productivos está creando una visión eficiente sobre la manera en la que se diseñan y construyen las plantas industriales".

   ■ Verdadero
   ■ Falso

10. La finalidad del diseño de una planta de manufactura es...

   a. ... poder satisfacer la demanda existente en cuanto a ofrecer el mejor servicio, calidad y al menor beneficio.
   b. ... poder crear un modelo eficiente, eliminando lo máximo posible todo aquello que no sea necesario.
   c. ... poder satisfacer la demanda existente en cuanto a ofrecer el mejor servicio, calidad y al mayor beneficio.
   d. ... poder satisfacer la demanda existente en cuanto a ofrecer el servicio, calidad y al mayor beneficio.

Distribución física, comercial y logística global

Contenido

1. Introducción
2. Introducción a la distribución física y comercial
3. Tipología
4. Distribución y almacenaje. Redes logísticas
5. Almacenes
6. Transporte y transporte internacional
7. Procedimientos aduaneros
8. Operativa de transporte internacional
9. Seguro de transporte de mercancías
10. Resumen

Objetivos

El objetivo general de esta unidad de aprendizaje es:

→ Generar una visión global en relación con las características y funcionamiento de la distribución física, comercial y logística global.

Los objetivos específicos de esta unidad de aprendizaje son:

→ Conocer la distribución física y comercial.

→ Establecer una tipología de la distribución física, comercial y logística global.

→ Saber en qué consiste la distribución, almacenaje y las redes logísticas.

→ Analizar el concepto de almacenes.

→ Evaluar el transporte y transporte internacional.

→ Estudiar los procedimientos aduaneros.

→ Concretar la operativa de transporte internacional.

→ Interpretar el seguro de transporte de mercancías.

→ Crear un ejemplo sobre cómo establecer un sistema de distribución eficiente.

→ Crear un ejemplo sobre un almacén especializado.

1. Introducción

La distribución física de bienes y servicios es aquel conjunto de tareas, procesos y actividades que lleva a cabo una organización empresarial para trasladar o transportar los artículos desde la planta de fabricación hasta los comercios donde el consumidor final puede adquirirlos.

En toda distribución física, hay que indicar que interviene la distribución comercial y la distribución logística.

La distribución comercial es un término que abarca dos grandes elementos, como son la distribución comercial en el sector de la economía, y el proceso empresarial, desde el factor empresarial.

La importancia de la distribución comercial en las economías actuales ha evolucionado enormemente en los últimos años, debido a la evolución de los mercados, y los cambios en los hábitos de consumo de las personas. En España, la distribución comercial es un sector fundamental, ya que podría provocar grandes problemas si hubiese un sistema de distribución poco eficiente, además de tener una gran influencia en el sistema económico.

La logística global se centra en ser un puente de unión entre las organizaciones que se dedican a la distribución en varios países internamente. Este tipo de tareas tiene por misión el aumentar, gestionar o solucionar los problemas existentes entre los diferentes países debido a situaciones transfronterizas.

En Lola's S. L., saben que la distribución física, comercial y logística global son tareas y variantes para organizaciones dedicadas al sector de la distribución y la logística.

Es por ello que los responsables de la compañía deben poner especial interés a estas variantes para poder hacer funcionar el negocio y mantener buenas relaciones a nivel internacional.

2. Introducción a la distribución física y comercial

☞ HILO CONDUCTOR

En Lola's S. L., saben que hay que conseguir que la distribución de su mercancía se realice de la manera más eficiente posible.

Por lo tanto, los responsables del centro tienen que gestionar y supervisar todas las tareas de distribución para que el producto llegue en las mejores condiciones al cliente final, y, de este modo, asegurarse una buena imagen empresarial y garantizar buenos resultados a nivel de negocio.

La distribución física de bienes y artículos se basa en todas aquellas tareas y procesos que lleva a cabo una organización para poder trasladar las mercancías desde el lugar donde se producen hasta el cliente. Es por ello que la distribución física aglutina la distribución logística y la distribución comercial.

La distribución comercial son todas aquellas tareas relacionadas con las compras, ventas, gestiones administrativas, etc.

La distribución logística se refiere a todos aquellos procesos y tareas relacionados con el traslado de los productos, el transporte, almacenamiento, etc.

La distribución física, comercial y logística aglutina operaciones como traslado de mercancías, compras, ventas, documentación, almacenaje, etc.

Es por ello que realizar una eficiente gestión en la distribución física variará en función de que el artículo llegue en las mejores condiciones, satisfaciendo las necesidades del consumidor, y, de este modo, generando una buena imagen a la organización.

Las funciones de la distribución física cambian según sean las características y circunstancias de cada organización.

Se debe indicar que el objetivo de toda empresa siempre debe ser que el artículo llegue hasta el cliente, y que, por ello, la distribución logística tiene, a grandes rasgos, una serie de **funciones** a nivel general:

- **Planificación de la demanda:** la planificación de la demanda en la distribución física se centra en llevar a cabo un plan de acción para poder tener los artículos en donde se requiera, en el número de unidades necesarias y justo en el momento establecido.
- **Procesamiento de pedidos:** esta función es la fase en la cual se gestionan aspectos como la documentación, el estudio del inventario, garantías, reclamaciones, etc.
- **Gestión de almacén:** esta función se dedica a gestionar los trabajos de almacenaje, despacho de mercancías, inventarios, etc.
- **Transporte de mercancías:** esta función se centra en la distribución física de los productos hasta el lugar donde el cliente pueda comprarlos.
- **Servicio al cliente:** esta función es todo aquello que hace la organización para poder servir y atender a los consumidores ante reclamaciones, asesoramientos, cobros y pagos, devoluciones, etc.
- **Medición del desempeño:** cuando se han realizado todas las funciones anteriores, habrá que hacer un análisis sobre las consecuencias de la distribución física.
  Esta medición se realiza mediante KPI, en relación con los tiempos de entrega, si el consumidor está satisfecho, las entregas, etc.

La distribución es, por lo tanto, la consecuencia de la suma de la distribución física, es decir, el diseño, la planificación, concreción y control del traslado de la mercancía, y la distribución comercial, que es la que hace visible el producto, para que este puede ser adquirido en el mercado.

 **IMPORTANTE**

La distribución es uno de los pilares del *marketing mix*, junto con el producto, precio y promoción.

La distribución comercial se fundamenta en una serie de **piezas** que hacen que sea eficiente. Esas piezas son:

Distribución
- La distribución agrupa una serie de recursos y acciones para poder conseguir transportar la mercancía desde la planta de producción hasta los diferentes puntos de venta.
- Hay que indicar que, con la comercialización vía online, se han conseguido comercializar los productos a nivel internacional, aportando reducciones de costes para las organizaciones.

Intermediario
- El intermediario es la figura, a través de personas físicas o empresas, que traslada el producto, o une a este al cliente.
- En aquellos artículos en los que existe poca distancia o cero, no se produce la figura del intermediario. Por ejemplo, un profesional dedicado a la agricultura que vende sus productos directamente a los clientes.

Canales de distribución
- Los canales de distribución son el camino que recorre la mercancía desde la planta de fabricación hasta el cliente.
- Los canales pueden ser directos, en los que el artículo camina desde el fabricante hasta el cliente, o indirectos, donde existen intermediarios entre la fábrica de producción y el cliente.

2.1. Los costes de distribución

Cualquier organización empresarial debe saber cuál es la cuantía económica para poder llevar un artículo hasta el cliente.

IMPORTANTE

Esta medición debe contar con diferentes factores, como el combustible, el medio de transporte utilizado, el número de intermediarios en el proceso, además del coste de almacenaje de la mercancía, entre otros muchos.

A la hora de identificar los costes de distribución, hay que diferenciar entre **costes fijos y costes variables:**

Costes fijos
- Este tipo de costes son aquellos que se tienen independientemente de la producción existente.
- Ejemplo de ello puede ser el alquiler de las instalaciones, ya que, aunque no exista producción, habrá que pagar el alquiler correspondiente.

Costes variables
- Los costes variables son aquellos que variarán en función de la producción y actividad.
- Ejemplo de ello puede ser la luz. Cuanta mayor producción, se emplearán más las máquinas, y, por ello, se pagará más luz.

 **APLICACIÓN PRÁCTICA**

Juan es el director general de Fortra S. L., empresa dedicada a la producción de herramientas de todo tipo, y desea saber cuál de los siguientes costes son fijos para poder elaborar un plan de ahorro, y, con ello, ahorrar en costes.

Ayuda a Juan a elegir qué elementos de los que se muestran a continuación son costes fijos:

- **Impuestos**
- **Electricidad**
- **Agua**
- **Combustible**

Solución

Los impuestos son un coste fijo, ya que siempre existirá independientemente de la actividad.

Impuestos como el IBI siempre se tendrán que pagar, sin tener en consideración la actividad realizada.

2.2. Objetivos de la distribución física

Como se ha comentado en líneas anteriores, los objetivos de la distribución física van cogidos de la mano con el hecho de que la organización disponga de la mercancía que el mercado demande, justo en el número de unidades que necesite y en plazo de tiempo requerido.

IMPORTANTE

Es decir, los objetivos de la distribución física deben satisfacer la demanda mediante la oferta establecida.

Para poder conseguirlo, la gestión de la logística tendrá que asegurar que las tareas y actividades se realicen de forma eficiente, reduciendo los costes, realizando tareas óptimas a nivel operativo y gestionando la atención al cliente de manera saludable.

La distribución física debe asegurarse de que la mercancía esté en el lugar apropiado, en la cantidad necesaria y calidad requerida.

En relación con la importancia de la distribución física de los productos y artículos, un cliente desempeña un papel determinante, ya que son los que exigen y establecen si el servicio realizado es de su agrado o no.

A continuación, se muestran una serie de **requisitos** que exigen los clientes:

➲ **Estado de la mercancía:** los clientes exigen, como es normal, que su producto llegue en perfectas condiciones.

- **Plazos de tiempo:** los artículos adquiridos deben llegar en el plazo de tiempo que se ha estipulado.
- **Garantía:** los productos adquiridos deben tener garantía por si, al llegar estos a las manos del cliente, llegan defectuosos o dañados.
- **Seguimiento:** en la actualidad, las empresas de distribución presentan plataformas donde el cliente puede saber el estado de la distribución del producto que ha comprado.
- **Devoluciones:** si es necesario realizar alguna devolución, este proceso debe ser sencillo y rápido.

Estos requisitos que exigen los clientes y consumidores en general van de la mano de las funciones de la distribución física, puesto que la satisfacción del cliente dependerá de las operaciones y tareas de la empresa.

De este modo, la importancia de la distribución física se centra en que es necesario generar recursos y medios para poder satisfacer al consumidor, obtener beneficios para la organización a través del comercio tradicional y del negocio *online*.

3. Tipología

 HILO CONDUCTOR

En Lola's S. L., deben estudiar y analizar el diseño y procesos productivos de su fábrica para optimizar la producción y eliminar aquello que sea innecesario.

Es por ello que pueden emplear diferentes medios tecnológicos que simulen sus líneas de producción y empleo de recursos que conlleven optimizar la producción de la organización en todas sus facetas.

En toda distribución física existen las estrategias de distribución y la logística comercial, que se pueden dividir en:

> **Distribución exclusiva**
> - La organización ofrece a un intermediario la exclusividad para poder comercializar un artículo en una zona en concreto.

Continúa en página siguiente >>

<< Viene de página anterior

> **Distribución selectiva**
> - La compañía elige aquellos establecimientos que considere mejores para poder comercializar el artículo. De este modo, se intenta llegar a una parte limitada del mercado.

> **Distribución intensiva**
> - La organización distribuye su artículo en todos los puntos de venta de su misma rama comercial.

> **Distribución extensiva**
> - La empresa intenta vender su producto en cualquier punto de venta. De este modo, se genera una gran cobertura para poder vender su producto.

3.1. Ejemplos de distribución física en logística

La distribución de mercancía se suele hacer en gran parte de empresas y compañías, independientemente de sus dimensiones.

El seguimiento y control de los pedidos es uno de los servicios más demandados en la actualidad por los consumidores.

A continuación, se muestran algunos **ejemplos de distribución física:**

Paraíso del Perú
- Es una organización dedicada a la producción de colchones de gran calidad, y que cuenta con un sistema de logística terrestre para poder transportar los colchones desde el almacén correspondiente hasta la casa de los clientes.

Transytec
- La compañía cuenta con ingeniería logística para aportar servicio en la distribución de documentos de gran valor.
- Entre sus clientes, destacan grandes entidades financieras, que usan sus servicios para trasladar documentos de productos financieros hasta el cliente de los bancos.
- Contratos de productos financieros o tarjetas de créditos son productos y documentos que se suelen trasladar de manera rápida y segura hasta los clientes.

3.2. Ventajas y desventajas de la distribución física

La distribución física agrupa una gran cantidad de tareas, funciones y procedimientos, generando una gran cantidad de ventajas, pero también fomenta un importante número de desventajas.

Primeramente, se van a citar las principales **ventajas** que genera la distribución física. Pero, como todo proceso o procedimiento empleado, aparte de conseguir una serie de beneficios, se generan una serie de **desventajas.**

⊃ **Ventajas:**

- ☉ **Mejor comercialización del artículo:** se consigue una mejor comercialización del producto, aumentando el alcance en las ventas mediante una eficiente distribución.
- ☉ **Planificación eficaz:** se consigue una planificación exitosa en toda entrega, para aumentar la atención al cliente, y fomentando una gran valoración de la empresa.
- ☉ **Visualización de procesos:** se consiguen visualizar los procesos con recursos mejores para la organización, ahorrando en gastos inútiles.

⊃ **Desventajas:**

- ☉ **Gastos adicionales:** normalmente, la distribución física conlleva una serie de gastos como son los ocasionados por el traslado de los productos, empleo de tecnología, personal, formación de este, etc.
  Por lo tanto, muchas empresas invierten en recursos tecnológicos o subcontratas.

🜂 **Mala planificación:** establecer una mala planificación en la distribución física genera grandes pérdidas para la empresa. Es por ello que esta planificación debe realizarse por personal cualificado y con las mejores herramientas tecnológicas.

La distribución física es un procedimiento que intenta optimizar la cadena logística hasta que el artículo llega al cliente, y es por ello que se necesita de tecnología eficiente.

APLICACIÓN PRÁCTICA

Emilio es el responsable de una organización que se dedica a la producción y distribución de productos cárnicos, y para ello desea implantar un sistema de distribución para vender su producto en cualquier punto de venta.

Ayuda a Emilio a elegir cuál de las siguientes es el sistema de distribución más eficiente para conseguir que sus productos lleguen a cualquier punto de venta.

- **Distribución exclusiva**
- **Distribución selectiva**
- **Distribución intensiva**
- **Distribución extensiva**

Solución

Para conseguir llevar sus productos a todos los puntos de venta, deberá elegir un sistema de distribución extensivo, ya que de este modo se conseguirá una mayor cobertura a la hora de comercializar sus bienes y artículos.

TAREA 7

Cursamet S. L. es una empresa que se dedica a la producción y distribución de productos de primera necesidad.

Continúa en página siguiente >>

<< Viene de página anterior

Ramón es el responsable de la organización y quiere implantar un sistema de distribución eficiente para conseguir que el consumidor final esté contento y satisfecho.

Ayuda a Ramón a establecer un sistema o a cómo establecer este sistema para lograr la satisfacción del cliente.

----

4. Distribución y almacenaje. Redes logísticas

 HILO CONDUCTOR

En Lola's S. L., saben que la distribución y almacenaje son dos piezas esenciales en las que debe basarse la organización.

Por lo tanto, los responsables de la organización deben establecer estrategias para poder lograr la optimización de la distribución y almacenaje para conseguir los objetivos empresariales. Además, deben establecer redes logísticas que aseguren que la mercancía llegue en las condiciones pactadas con el cliente.

En las actuales circunstancias, la gestión logística es un recurso muy potente a nivel institucional, que ofrece a las diferentes organizaciones empresariales conseguir una mejor manipulación de los insumos y artículos que necesitan ser eficientes.

Las organizaciones deben asegurarse de que los procesos de distribución y almacenaje sean eficientes para que la empresa sea competitiva.

De este modo, la logística es uno de los procesos más difíciles y esenciales que requieren satisfacer la demanda de mercado, puesto que es un proceso de producción que establece *stocks* continuamente, para que, además, lo que realmente se necesite para almacenar y distribuir sea abastecido correctamente.

Es por estas obligaciones en la cadena de suministro que muchas organizaciones se ven obligadas a tener una serie de servicios muy eficientes en cuanto al almacenaje y la distribución para poder generar servicios de calidad.

 IMPORTANTE

Por lo tanto, toda organización que desee ser competitiva en el sector debe integrar y optimizar el almacenaje y la distribución.

4.1. La logística

Ya se ha comentado que la logística es aquel camino recorrido en cuanto a planificación, gestión y control del movimiento de los materiales, inventarios, etc., desde que son fabricados hasta que llegan al cliente final.

Para lograr satisfacer los requerimientos de los consumidores, la logística debe gestionar con éxito los recursos disponibles, como las instalaciones de las que dispone, los medios de transporte, los medios tecnológicos, etc. A partir de aquí, deberá ser capaz de poder generar movimientos y actividad mediante el personal contratado y los medios financieros.

Por lo tanto, existen **dos canales** destacados:

- ➲ **Aprovisionamiento:** en este canal, los artículos deben ser movidos desde su origen hasta las instalaciones de distribución o la fábrica.
- ➲ **Distribución:** la mercancía se moviliza desde el centro de elaboración o la fábrica hasta el lugar donde los clientes pueden adquirirlos.

Si se dedica esencialmente al aspecto de servicios, al comercial o al industrial, la logística tiene una serie de **funciones:**

Gestión de aprovisionamiento
- Esta función conlleva la coordinación que debe existir entre los proveedores y las empresas que realizan el transporte de las materias primas.

Elaboración o fabricación
- Esta función determina aspectos como el etiquetado, la manipulación, el envasado, empaquetado, etc.

Distribución comercial
- Es la organización de los espacios y la gestión de inventarios.

Servicio posventa
- Este servicio hace referencia a las devoluciones y todo aquello que se desarrolle tras la venta realizada.

4.2. Almacenaje

El almacenaje es una etapa dentro del proceso logístico. El almacenaje se basa en todo aquello que está relacionado con el manejo de la mercancía e insumos.

IMPORTANTE

Toda esta manipulación debe realizarse bajo una supervisión y en lugares predeterminados para conseguir que las mercancías no se deterioren ni se desperdicien.

Los requerimientos en cuanto al almacenamiento variarán en función de los medios empleados por la organización, pero básicamente se podrán satisfacer mediante distintos **tipos de almacenes** en logística:

Almacenes generales
- Se emplean para cualquier tipo de producto que no tenga que cumplir una normativa legal específica.

Almacenes especializados
- Estas instalaciones tienen un registro sanitario o licencia para artículos peligros como gases, inflamables, etc.

Depósitos aduaneros
- Son instalaciones cuyo destino son procesos aduaneros. Actúan como centros de depósito para operaciones de importación.

Centros de distribución
- En una cadena de suministro, este tipo de centros usan muchos tipos de inventarios con gran rotación en plazos de tiempo cortos.

4.3. Distribución

Conseguir una gran eficiencia implica una gran cantidad de gastos, que deben minimizarse al máximo.

De este modo, las organizaciones podrán emplear diferentes **tipos de cadenas de distribución:**

Cadena directa
- Es un tipo de distribución en el que no existen intermediarios, llevan el producto desde el fabricante hasta el cliente.

Cadena corta
- En el recorrido de los artículos, estos se mueven desde la fábrica, pasando por un intermediario, hasta el cliente final.

Cadena larga
- En este tipo de distribución, intervienen varios distribuidores, que pueden ser mayoristas o distribuidores.

Además, existen diferentes tipos de distribución, dependiendo de una serie de condicionantes como la localización, aspectos técnicos o de urgencia en cuanto al suministro, las instalaciones de las empresas y las estrategias que empleen las organizaciones para poder comercializar sus productos.

A continuación, se muestran los diferentes **modelos de distribución:**

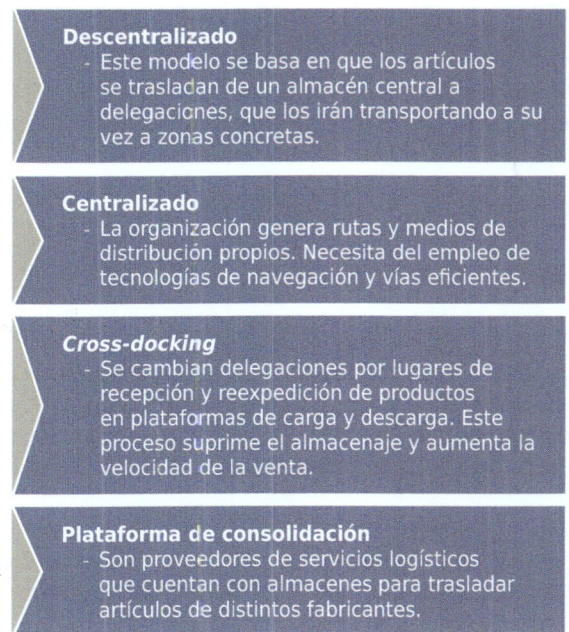

Descentralizado
- Este modelo se basa en que los artículos se trasladan de un almacén central a delegaciones, que los irán transportando a su vez a zonas concretas.

Centralizado
- La organización genera rutas y medios de distribución propios. Necesita del empleo de tecnologías de navegación y vías eficientes.

Cross-docking
- Se cambian delegaciones por lugares de recepción y reexpedición de productos en plataformas de carga y descarga. Este proceso suprime el almacenaje y aumenta la velocidad de la venta.

Plataforma de consolidación
- Son proveedores de servicios logísticos que cuentan con almacenes para trasladar artículos de distintos fabricantes.

Para finalizar, hay que indicar que, cuando se producen procesos de distribución a nivel internacional, habrá que transportar las mercancías a través de diferentes medios de transporte (terrestre, aéreo, marítimo), con costes que variarán en función del tipo de mercancía, entre otros aspectos.

4.4. Redes logísticas

Una red logística es una de las piezas básicas para poder hacer llevar el artículo hasta el cliente, y es por ello que desempeña un papel determinante en todo este proceso.

DEFINICIÓN

Red logística

Conjunto de instalaciones y procesos que posibilitan que un artículo pueda llegar desde la fábrica hasta el consumidor final.

Es por ello que se puede asegurar que es una red de distribución logística que facilita que la mercancía se pueda transportar y que llegue hasta el cliente bajo una serie de condiciones establecidas.

IMPORTANTE

La importancia de toda red logística se basa en que se necesita para que el producto llegue hasta el cliente. Generalmente, los esfuerzos se centran en la fabricación o producción del artículo, puesto que es lo que adquiere el cliente.

Para poder asegurar su misión, será necesario generar todas las etapas de compra, desde la manufactura hasta todas aquellas tareas y funciones para poder lograr distribuir el artículo.

En este punto es donde hay que incidir en la importancia de la estrategia empleada con una red logística, puesto que garantizará la distribución óptima de la mercancía hasta el consumidor final, garantizando la satisfacción de sus necesidades y aportando valor al artículo.

La gestión eficiente de la red logística provocará la satisfacción del cliente y la aportación de valor al producto.

ACTIVIDAD COMPLEMENTARIA

7. Piensa y busca información en fuentes externas sobre dos empresas que empleen cadenas de suministro como pieza clave en el éxito de sus operaciones.

5. Almacenes

 HILO CONDUCTOR

En Lola's S. L., saben de la importancia del tipo y localización de sus almacenes para obtener ventajas competitivas en el sector.

Por lo tanto, los responsables de la organización, en función del tipo de mercancía comercializada y de las características de los clientes, deberán determinar qué tipo de almacén emplear y dónde ubicarlos.

Un almacén es una infraestructura en la que, junto con maquinaria, personal y demás, se consigue gestionar el movimiento de entrada y salida de la mercancía.

Estos movimientos de la mercancía no suelen estar coordinados, y es por ello por lo que deberá establecerse una estrategia exitosa en cuanto a los trabajos de almacenamiento.

La optimización de los trabajos de almacenaje es una de las estrategias que establecer para optimizar el flujo de mercancías.

En muchas ocasiones, una organización puede requerir varios almacenes, en relación con el tipo de material que necesite. Es decir, materias primas, productos semielaborados, productos terminados, etc. Además, la localización de cada uno de estos almacenes dependerá de las exigencias del funcionamiento y de otros aspectos.

A continuación, se muestra una **clasificación de almacenes:**

En función de la naturaleza de la mercancía
- Existen almacenes para poder ubicar productos inflamables, recambios, suministros, artículos perecederos, etc.

Edificio
- Puede haber instalaciones al aire libre, sótanos, almacenes cerrados, almacenes con cámaras frigoríficas, etc.

En función del movimiento de los materiales
- Los almacenes se pueden agrupan para materias primas, productos semielaborados, almacenes intermedios, depósitos, etc.

En relación con su ubicación
- Puede haber almacenes centrales, regionales o de tránsito.

En relación con su mecanización
- Existen almacenes manuales, automáticos, semiautomáticos, etc.

6. Transporte y transporte internacional

 **HILO CONDUCTOR**

En Lola's S. L., saben que es determinante la elección del medio de transporte para poder movilizar su mercancía.

Continúa en página siguiente >>

<< Viene de página anterior

Es por ello que, en función de las características de la mercancía, de los requerimientos del cliente o del lugar hasta donde se deba enviar la mercancía, además de la reducción de los costes, entre otros, se deberá elegir aquel medio o medios más rentables.

El transporte es el medio empleado por las distintas organizaciones para trasladar sus productos de un lugar a otro.

Existen diferentes tipos de transporte: terrestre, marítimo y aéreo. Los medios de transporte son los medios que se emplean para poder transportar mercancías o individuos.

De este modo, se puede realizar una clasificación, pero hay que decir que estos medios de transporte pueden trasladar mercancías y personas a la vez.

Los **tipos de transporte** existentes son:

Transporte terrestre
- En este tipo de transporte estarían incluidos los medios que pueden desplazarse por tierra. Como ejemplo de estos podemos incluir vehículos, camiones, trenes, etc.

Transporte marítimo
- En este grupo de transporte podemos citar todos aquellos que se desplazan por mar, tanto por la superficie como por debajo de ella.

Transporte aéreo
- Dentro del transporte aéreo podemos citar a todos aquellos que se desplazan por el aire. Normalmente, puede transportar tanto mercancía como pasajeros a la vez. Es el medio de transporte con menor capacidad de transporte, y con unos costes bastante más elevados que el resto de medios.

Otros tipos de transporte
- En este tipo de transporte, podemos hablar del transporte espacial. Aquí se puede citar la nave espacial, un transbordador o un cohete.

EJEMPLO

Como ejemplos de medios de transporte terrestre, podemos citar:

* Automóvil, camión, motocicleta, tractor, tren, metro, etc.

Como ejemplos de medios de transporte marítimos citamos:

* Buque, barco, yate, submarino, ferri, etc.

6.1. Transporte internacional

El transporte internacional son todos aquellos medios de transporte que se emplean para poder trasladar tanto a individuos como mercancías entre diferentes países.

Además, el transporte internacional conlleva trabajos y tareas de logística que son necesarios para que el traslado de las personas y las mercancías sea un éxito.

Poder conseguir reducción en costes, tiempos de entrega, reducción en el precio de los seguros contratados, etc.

IMPORTANTE

El transporte internacional tiene su importancia debido a diferentes motivos, como pueden ser las economías de escala, reducción en los costes, poder encontrar nuevos mercados para poder exportar las mercancías, etc.

Además, no todos los países pueden autoabastecerse de todo lo que necesitan, por lo que requieren que otros países les suministren bienes o servicios.

👁 EJEMPLO

España es un país deficitario de petróleo, por lo que necesita comprar e importar este producto para abastecer a los medios de transporte que circulan por el país.

- -

Además, las personas necesitan viajar a otros países, y, sin un sistema de transporte internacional, los individuos perderían mucho tiempo para poder llegar al lugar de destino.

La elección del medio de transporte es determinante a la hora de satisfacer al cliente y poder reducir costes, entre otras funciones.

 ## TAREA 8

La empresa Basilust S. L. cuenta con diferentes empresas que les almacenan sus productos de alimentación de todo tipo, pero han valorado los pros y los contras, y han decidido adquirir unas instalaciones para almacenar todos sus productos.

Javier es el responsable del proyecto de establecimiento del nuevo almacén, y tiene que diseñar las instalaciones para albergar todos sus productos. Ayuda a Javier a diseñar este tipo de almacén especializado.

- -

7. Procedimientos aduaneros

☞ HILO CONDUCTOR

En Lola's S. L., saben que, para poder seguir avanzando desde el punto de vista empresarial, deberán aumentar sus mercados, así como abastecerse de bienes y servicios procedentes de otros países.

Es por ello que los responsables de la empresa deberán estudiar y analizar los procesos aduaneros para no cometer ningún error, y de este modo asegurarse de que aquello que venden llega al lugar de destino, y puedan abastecerse de los bienes y servicios necesarios.

Los procedimientos aduaneros conllevan todos aquellos procesos y trabajos en la administración aduanera en cada una de las partes del comercio de mercancías y medios de transporte que deben tener un control aduanero.

Los procedimientos aduaneros aglutinan una serie de procesos y actividades para el buen desarrollo del comercio internacional.

A continuación, se muestran algunas de estas **actividades:**

- **Importación:** la importación son aquellas etapas que una mercancía debe superar para poder recibir un bien o servicio desde otro país.
  En este proceso existen dificultades generadas por los acuerdos comerciales existentes entre los dos países intervinientes.
- **Exportación:** las exportaciones son todos aquellos bienes y servicios que son vendidos a otro país. Las exportaciones son una herramienta excelente para las cuentas nacionales de un país.
- **Despacho aduanero:** también llamado *despacho de aduanas,* es aquel proceso administrativo que posibilita que una mercancía pueda entrar, moverse y salir de un territorio aduanero.
- **Régimen aduanero:** es aquel destino que tienen las mercancías que están sujetas a control aduanero.
- **Control aduanero:** el control aduanero es aquel momento en el que se estudia, evalúa y fiscaliza la mercancía que se importa o exporta.

8. Operativa de transporte internacional

☞ HILO CONDUCTOR

En Lola's S. L., saben que toda operación de comercio internacional es un proceso bastante difícil y tedioso

Por ello, los responsables de la organización deben apoyarse en empresas especializadas para poder establecer aquellos medios de transporte que mejor se adecuen a las circunstancias, además de realizar todas aquellas gestiones en las aduanas y realizar una buena interpretación de los *incoterms.*

El transporte internacional de mercancías son operaciones bastante complejas y difíciles que necesitan del apoyo y asesoramiento de terceros que estén especializados para poder establecer aquellos transportes que mejor se adecuen a las circunstancias y operaciones en cuestión.

Estas empresas especializadas, además de seleccionar los mejores medios de transporte para la operación en cuestión, deben gestionar las tareas en la aduana, los *incoterms,* etc.

Una de las grandes fortalezas dentro del transporte internacional de mercancías son los **incoterms.**

Los *incoterms* son las reglas a nivel internacional que deben seguirse y respetarse para todo aquello relacionado con el comercio internacional.

IMPORTANTE

Las reglas establecidas a través de los *incoterms* establecen los costes y responsabilidades de cada una de las partes en las relaciones comerciales a nivel internacional.

Establecer y determinar qué *incoterm* emplear en cada operación de comercio internacional es necesario para determinar las condiciones en cuanto a costes, riesgos y demás en toda operacional comercial.

8.1. *Incoterms*

Los *incoterms* son reglas que se han realizado a través de la Cámara de Comercio Internacional, que deben ser establecidas y respetadas en los contratos de operaciones a nivel internacional.

El nombre de los *incoterms* proviene de *international commercial terms* ('términos internacionales de comercio').

 IMPORTANTE

Los *incoterms* se usan para saber en qué situación de la operación de compra-venta se transmite el riesgo de la mercancía, y cuáles serían las responsabilidades de las figuras del comprador y vendedor.

Pero, aunque el empleo de los *incoterms* es voluntario, gran parte de este tipo de operaciones se llevan a cabo con el uso de los *incoterms.*

Aunque ya se ha hablado de los aspectos más generales que regulan los *incoterms,* existen unos **elementos** que determinan estas reglas:

Entrega de mercancías
- La entrega de mercancías debe ser una obligación por parte de la figura del vendedor.

Transmisión de riesgos
- Los riesgos deben transmitirse en el lugar en el que se intercambia la mercancía. Es decir, en la fábrica, el puerto, además del momento exacto que debe estar reflejado en el contrato y en el *incoterm*.

Distribución de gastos
- Normalmente, es la figura del vendedor la que asume todos los gastos para hacer llegar la mercancía hasta el comprador.
- Además, se debe contratar un seguro para que las mercancías tengan una garantía hasta que lleguen a las manos del comprador.

Continúa en página siguiente >>

<< Viene de página anterior

> **Trámites aduaneros**
> - Lo normal es que la figura del vendedor se responsabilice de la operación de exportación, menos en el incoterm EXW (EX works), en el que la figura del comprador es la responsable de todas las operaciones de exportación, contratando un agente de aduanas.

Además, hay que indicar que se ha hablado de los *incoterms* a nivel general, pero existen una serie de *incoterms* que son mayormente usados, y que son:

- **CIF:**(*Cost, insurance and freight,* o Coste, seguro y flete)
  La figura del vendedor se responsabiliza del transporte y del seguro.
- **CFR:**(*Cost and freight,* o Coste y flete)
  La figura del vendedor se responsabiliza del transporte, pero no del seguro.
- **DDP:** (*Delivery duty paid,* o Entrega derechos pagados)
  Ofrece la posibilidad a la figura del vendedor para que lleve la mercancía hasta el comprador en el lugar de destino.
  El empleo de este *incoterm* conlleva que el vendedor tiene que pagar todo lo relacionado con la importación o exportación, además de tener que gestionar todos los trámites aduaneros.
- **EXW:** (*Ex works,* o En fábrica)
  La entrega de la mercancía se hace en el lugar establecido por la figura del vendedor o en otro lugar establecido a disposición de la figura del comprador.
- **FOB:** (*Free on board,* o Franco a bordo)
  La figura del vendedor se responsabiliza de la mercancía hasta que esta es puesta en la embarcación correspondiente.

9. Seguro de transporte de mercancías

 **HILO CONDUCTOR**

En Lola's S. L., saben que toda operación de comercio internacional debe estar garantizada mediante el seguro de transporte correspondiente.

Continúa en página siguiente >>

<< Viene de página anterior

Para ello, los responsables de la organización hacen especial hincapié en contratar los diferentes contratos de seguro de transporte de mercancías en función del medio de transporte empleado, la mercancía que trasladar y las condiciones establecidas entre las partes.

A la hora de transportar mercancías a nivel internacional, existe el elemento del seguro, que es una pieza determinante para hacer llevar la mercancía hasta el destino correspondiente.

Las mercancías suelen estar expuestas a grandes riesgos. Los riesgos más comunes suelen ser todos aquellos que están relacionados con el transporte, el almacenamiento, manipulación, y otros menos posibles, pero que pueden ocurrir, como aquellos relacionados con aspectos climatológicos, huelgas de transporte, etc.

Las entidades financieras suelen ser las encargadas de comercializar este tipo de seguros para poder transportar a nivel internacional las mercancías.

La documentación del seguro de transporte internacional es fundamental en cuanto al despacho de aduana, y variará en función del tipo de transporte empleado para la operación en cuestión.

 ## SABÍAS QUE...

El seguro de mercancías es un acuerdo en el que se garantizan las condiciones de las mercancías comercializadas si se producen daños.

Solo es necesaria una factura de seguro para el despacho de aduana si la información no se encuentra en la factura comercial.

Pero hay que indicar que existen diferencias entre el seguro de mercancías y el seguro de responsabilidad.

En relación con el seguro de transporte de mercancías, hay que indicar que los riesgos en relación con indemnizaciones serán responsabilidad de la figura exportadora. En cuantc al seguro de responsabilidad, este recaerá en la figura del transportista.

En función del medio de transporte usado, la indemnización tendrá un límite en relación con el peso y el valor del producto. La responsabilidad que tiene la figura del transportista estará fijada en relación con los convenios internacionales.

ACTIVIDAD COMPLEMENTARIA

8. Piensa y busca información en fuentes externas sobre dos empresas que se dediquen al transporte internacional y a través de qué tipo de medio de transporte lo realizan.

---

10. Resumen

La distribución comercial es todo aquello que abarca aspectos como la distribución comercial con elementos como la economía, y el proceso empresarial. La distribución logística son todos aquellos procesos en cuanto al transporte de mercancías, almacenamiento, etc.

Aparte de la organización, tiene como objetivo que la mercancía llegue hasta el consumidor final. La distribución logística acarrea una serie de funciones a nivel general:

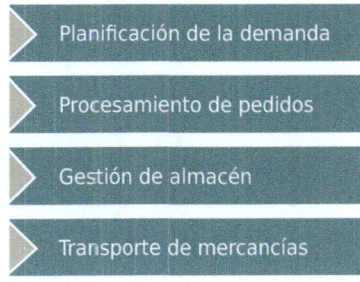

Planificación de la demanda

Procesamiento de pedidos

Gestión de almacén

Transporte de mercancías

Continúa en página siguiente >>

<< Viene de página anterior

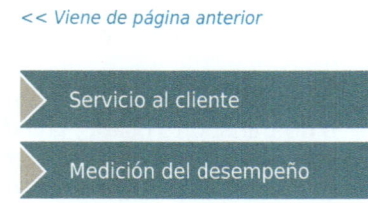

La distribución comercial está basada en:

A la hora de identificar los costes de distribución, hay que diferenciar entre costes fijos y costes variables:

Además, la distribución física genera una serie de ventajas:

También existen una serie de desventajas, que se citan a continuación:

Los requerimientos en cuanto al almacenamiento dependerán en cuanto a los recursos empleados, pero, sobre todo, para poder satisfacer las necesidades a través de distintos tipos de almacenes:

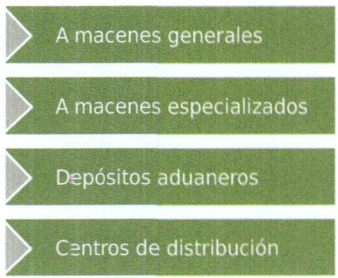

A la hora de realizar el transporte de mercancías, las empresas podrán optar por distintos tipos de cadenas de distribución:

Se puede asegurar que toda red logística es el conjunto de infraestructuras y procedimientos que consiguen que un producto se traslade desde una fábrica hasta el cliente final.

Además, la localización de cada uno de estos almacenes dependerá de las exigencias del funcionamiento y de otros aspectos.

Los tipos de transporte existentes son:

Los *incoterms* que son más empleados son:

Ejercicios de autoevaluación
Unidad de Aprendizaje 4

1. La distribución física de bienes y artículos se basa...

    a. ... en todas aquellas tareas y procesos que lleva a cabo una organización para poder trasladar las mercancías desde el lugar donde se almacenan hasta el cliente.

    b. ... en todas aquellas tareas y procesos que lleva a cabo una organización para poder trasladar las mercancías desde el lugar donde se producen hasta el almacén.

    c. ... en todas aquellas tareas y procesos que lleva a cabo una organización para poder trasladar las mercancías desde el lugar donde se producen hasta el cliente.

    d. ... en todas aquellas tareas y procesos que lleva a cabo una organización para poder trasladar las mercancías desde el lugar donde se producen hasta los diferentes almacenes.

2. El objetivo de toda empresa siempre debe ser:

    a. Obtener el mayor de los beneficios.

    b. Reducir los costes.

    c. Aumentar las ventas e ingresos.

    d. Que el artículo llegue hasta el cliente.

3. La distribución es uno de los pilares del *marketing mix,* junto con...

    a. ... producto, precio y promoción.

    b. ... producto, precio y distribución.

    c. ... distribución, producto y *marketing.*

    d. ... producto, *marketing* y comercialización.

4. A la hora de identificar los costes de distribución, hay que diferenciar entre:

    a. Costes de producción y costes de distribución.

    b. Costes fijos y costes variables.

    c. Costes totales y costes de distribución.

    d. Costes totales y costes fijos.

5. Toda organización que desee ser competitiva en el sector debe integrar y optimizar:

    a. La distribución y la venta.
    b. La distribución y la comercialización.
    c. La producción y la compra.
    d. El almacenaje y la distribución.

6. Indica si la siguiente oración es verdadera o falsa: "En relación con la importancia de la distribución física de los productos y artículos, un cliente desempeña un papel determinante, ya que es el que exige y establece si el servicio realizado es de su agrado o no".

    ■ Verdadero
    ■ Falso

7. El almacenaje es una etapa dentro...

    a. ... del proceso comercial.
    b. ... del proceso logístico.
    c. ... del proceso de ventas.
    d. ... del proceso de compras.

8. Una red logística es un conjunto de _____ que posibilitan que un artículo pueda llegar desde la fábrica hasta el consumidor final.

    a. instalaciones y productos
    b. instalaciones y procesos
    c. productos y factores
    d. elementos y productos

9. Indica si la siguiente oración es verdadera o falsa: "En muchas ocasiones, una organización puede requerir varios almacenes, en relación con el tipo de material que necesite. Es decir, materias primas, productos semielaborados, productos terminados, etc."

    ■ Verdadero
    ■ Falso

10. **Una de las grandes fortalezas dentro del transporte internacional de mercancías son los:**

    a. *Woks*
    b. *Terms*
    c. *Incoterms*
    d. Protocolos

Soporte logístico integrado

Contenido

1. Introducción
2. Definición y características de un proyecto logístico
3. Tipos de proyecto logístico
4. Elementos de un proyecto logístico
5. Técnicas y herramientas de planificación, control y seguimiento de proyectos logísticos
6. Gestión económico-financiera de un proyecto
7. Resumen

Objetivos

El objetivo general de esta unidad de aprendizaje es:

→ Conocer las características y objetivos del soporte logístico integrado.

Los objetivos específicos de esta unidad de aprendizaje son:

→ Conocer la definición, características y tipos de proyecto logístico.

→ Analizar los elementos de un proyecto logístico.

→ Evaluar las técnicas y herramientas de planificación, control y seguimiento de proyectos logísticos.

→ Interpretar la gestión económico-financiera de un proyecto logístico.

→ Crear un ejemplo sobre cómo elaborar un plan logístico.

→ Crear un ejemplo sobre un negocio para comercializar cursos de formación por internet.

1. Introducción

El soporte logístico integrado es un grupo de estrategias y planes que están relacionados con diferentes ingenierías, teniendo por misión, y siempre desde el punto de vista logístico, minimizar costes en relación con el ciclo de vida de los artículos y reducir la demanda de logística a través de una mejor gestión del mantenimiento.

El objetivo principal del soporte logístico integrado es poder realizar una gestión eficiente para poder supervisar aspectos como disponibilidad, fiabilidad, seguridad, etc.

De este modo, se podrán optimizar los trabajos relacionados con el ciclo de vida del artículo, incidiendo en todos aquellos trabajos relacionados con la explotación y empleo del artículo, las instalaciones, tareas de mantenimiento, etc.

Para finalizar esta introducción, se puede asegurar que no existe ninguna duda de que se produce un óptimo equilibrio entre la capacidad del soporte logístico integrado y su rendimiento, por lo que se debe apuntalar realizando una inversión inteligente.

En Lola's S. L., saben que el soporte logístico integrado engloba una serie de tareas, trabajos y funciones determinantes en la organización.

Es por ello que los responsables de la compañía deben establecer un soporte logístico integrado ideal para fomentar la reducción de costes en relación con el ciclo de vida del producto, además de acortar la demanda de logística.

2. Definición y características de un proyecto logístico

☞ **HILO CONDUCTOR**

En Lola's S. L., saben que, para conseguir los objetivos establecidos a nivel general, deben establecer un plan logístico eficiente.

Continúa en página siguiente >>

<< Viene de página anterior

Por lo tanto, los responsables del centro tienen que elaborar y determinar un plan logístico que realice una evaluación y estudio de todas las tareas y procesos de la cadena de distribución, y de este modo no improvisar para conseguir los objetivos generales.

Una de las grandes piezas fundamentales de toda empresa es el plan logístico.

El plan logístico es una estrategia que estudia y analiza las tareas y procedimientos que realizar para poder conseguir adquirir en las mejores condiciones las materias primas, mercancías y entradas de los artículos al consumidor final.

DEFINICIÓN

Plan logístico
Estrategia que emplea una organización para poder estudiar y evaluar todas aquellas tareas relacionadas con su actividad.

El plan logístico está formado por una serie de etapas, además de por una serie de factores que son únicos en cada organización. Además, los planes logísticos intentan minimizar los costes de tiempo y reducir los medios empleados para conseguir sus objetivos.

Tener establecido el plan logístico ayudará a la empresa a no improvisar y conseguir sus objetivos de manera eficiente.

La importancia de implantar este tipo de plan se debe a que es necesario que las organizaciones establezcan aquellos medios necesarios para conseguir sus objetivos.

Tener un buen plan logístico a través de un protocolo de actividades logísticas permite no improvisar, y, además, aumentar y optimizar los medios necesarios para ejecutar las actividades logísticas.

Todo plan logístico ofrece una serie de **ventajas,** que se muestran a continuación:

- **Mejora la productividad:** tener establecido un plan logístico desemboca en conseguir eficientemente y de manera ordenada los objetivos empresariales.
  Tener una estrategia establecida está relacionado con una producción eficiente a nivel empresarial.
- **Minimiza inventarios:** otra gran ventaja que aporta el establecimiento de un plan logístico es reducir los inventarios mediante el conocimiento de la demanda.
  Por lo tanto, la producción se adaptaría a la demanda y, con ello, se reducirá el uso de los medios necesarios.
- **Desarrollo de medios de información:** tener un plan logístico conlleva generar mucha información por el control y supervisión de todas las actividades.
  Esta información generada se puede emplear para mejorar el desarrollo de las actividades y funciones logísticas.
- **Coordinación de las actividades:** el plan logístico conlleva el poder coordinar las actividades de forma eficiente, mejorando su funcionamiento.
- **Aumento de la rentabilidad:** para finalizar, contar con un plan logístico aumenta la rentabilidad de la organización, ya que la actividad logística se realiza de forma más eficiente, y, por lo tanto, se mejoran las rentabilidades de la empresa.

2.1. Importancia del proyecto logístico

En este sector, todo es logística. Se deben planificar los medios y recursos con los que se cuenta para establecer una estimación en el tiempo, con la aplicación de una serie de acciones para poder conseguirlos.

Los proyectos logísticos tienen como misión el poder coordinar y estudiar cómo se va a impactar en el empleo de los medios y recursos disponibles.

La logística empresarial aglutina todo aquello que se necesita para preparar el producto hasta que llega a las manos del cliente. Aspectos como la adquisición de materias primas, embalaje, transporte, distribución y atención al cliente son fases determinantes del proceso. Cualquier artículo que se adquiere está dentro de toda cadena logística y, cómo no, del proyecto logístico.

Todo ello ha ido provocando cada vez más una mayor conexión con los mercados, debido a las nuevas tecnologías de la información y comunicación que ha fomentado el uso de internet.

La gestión de los recursos existentes y disponibles debe asegurar el proyecto logístico.

Es, por lo tanto, necesario y esencial el tener que estudiar y evaluar todo lo que se necesite para que el proyecto logístico sea la base de la estrategia y no un obstáculo al que haya que hacer frente, debido a no haber realizado una planificación y establecimiento de los objetivos correspondientes.

Existen muchos autores que hablan de la logística como un arte y una técnica que debe ser supervisada bajo una serie de trabajos empresariales y administrativos que finalizan en una serie de relaciones para poder intercambiar información y, por lo tanto, las diferentes mercancías y productos.

Todo proyecto logístico será un éxito y conllevará el poder obtener y conseguir los objetivos empresariales.

IMPORTANTE

Realizar cada operación en el proyecto logístico sin ningún tipo de retrasos fomentará establecer un modelo de negocio constante y con éxito en el futuro.

Continúa en página siguiente >>

<< Viene de página anterior

Todo comercio sustentado en las actividades logísticas y en plazos de tiempo adecuados y distancias logrará los éxitos deseados.

- -

Es por ello que los proyectos logísticos establecen una serie de **ventajas,** entre las que destacan las siguientes:

- ⮑ **Rentabilidad:** el sector logístico es una actividad que está en alza, lo que acarrea, si se gestiona bien, rentabilidades cada vez mayores.
- ⮑ **Almacenamiento, compra y transporte:** los proyectos logísticos fomentan sistemas de almacenamiento, compra y transporte cada vez más efectivos.
- ⮑ **Entregas:** los nuevos requerimientos y exigencias de los clientes repercuten en entregas en menores tiempos y en mejores condiciones.
- ⮑ **Materiales:** mejores calidades y menores plazos de tiempo se deben afrontar con el empleo de mejores materiales y recursos.
- ⮑ **Clientes potenciales:** los servicios y artículos deben ser visibles, y hacerlos llegar a los futuros clientes, exponiendo sus ventajas y bondades.
- ⮑ **Clientes actuales:** además de poder hacer llegar los servicios a posibles clientes, habrá que fidelizar a los clientes actuales, ya que es más costoso el poder conseguir nuevos clientes que mantener a los actuales.
- ⮑ **Recorrido sólido de la compañía:** el proyecto logístico debe ofrecer un camino sólido para la organización y no provocar problemas ni obstáculos.

2.2. Elaboración de un plan logístico

Para poder realizar de manera eficiente un plan logístico, habrá que saber cuáles son las características y circunstancias concretas de cada organización y de los productos y artículos que manejan.

Pero, aparte de ello, toda organización deberá tener en cuenta **tres etapas fundamentales,** que se muestran a continuación:

- ⮑ **Aprovisionamiento:** el aprovisionamiento sería la primera etapa común en toda elaboración de un plan logístico.
  En esta etapa, la organización tiene que supervisar todas las fases que se relacionan con el aprovisionamiento de materias primas para poder llevar a cabo la elaboración de sus bienes y artículos.

El aprovisionamiento deberá realizarse en función de la demanda existente, evitando mantener *stocks* innecesarios de materias primas.

⮑ **Producción:** la etapa de producción de todo plan logístico conlleva una serie de tareas en función de la elaboración de los bienes. Todo ello conlleva, además, una serie de tareas a nivel interno que no son tan visibles, pero sí son determinantes para garantizar la cadena de suministro.

⮑ **Distribución:** la distribución es la última etapa en la elaboración de todo plan logístico, y agrupa tareas como la distribución física, los envíos de los pedidos, etc.

2.3. Importancia de un plan logístico

En cualquier compañía, existe un elemento esencial que es imprescindible para llevar a cabo el buen funcionamiento de la empresa. Este elemento es el plan logístico.

 IMPORTANTE

El plan logístico estaría formado por aspectos tan importantes como la adquisición de las materias primas, y el envío y entrega de las mercancías al cliente final.

Ello se debe hacer analizando y gestionando todo lo que forma parte de estos procesos.

El plan logístico tiene tal importancia porque determina la estrategia que emplear por parte de la organización.

El plan logístico estaría formado por una serie de etapas, y cada organización deberá contar con una serie de factores y tipos de bienes con la misión de adaptarse y poder gestionar de forma eficiente la cadena logística, y, por lo tanto, reducir los costes de plazos de tiempo, minimizar los recursos empleados, y todo ello con la finalidad de poder generar mayores ingresos y mayores rentabilidades.

NOTA

El plan logístico tiene una gran importancia, ya que debe generar cómo se tienen que hacer las cosas.

Y todo ello a través de una serie de etapas y paso a paso. Por lo tanto, este diseño y establecimiento del plan logístico ofrece tener una guía a la que seguir para conseguir cumplir las acciones logísticas, y, de este modo, eliminar la improvisación.

La improvisación puede conllevar cometer errores en la cadena de distribución, y, por lo tanto, fomenta el que no se consigan aumentos, o también pérdidas de medios empresariales para los trabajos logísticos.

Por todo lo comentado anteriormente, se puede asegurar que el plan logístico implica una serie de **beneficios:**

- **Optimización de la productividad:** lo primero de todo es que hay que saber que toda empresa que tenga un plan logístico se verá beneficiada por ello, optimizando su productividad.
- **Disminuyen los inventarios:** como se ha comentado, es un acierto tener un plan logístico.
  Por lo tanto, es necesario saber cuál puede ser la demanda prevista de los bienes fabricados, y tener una planificación.
- **Sistemas de información:** todo plan logístico fomenta el captar grandes cantidades de información, después del estudio y el control de las actividades logísticas.
  Tener toda esa información es esencial para conseguir un aumento de la eficiencia en la organización.
- **Gestión eficiente de las actividades:** tener un plan logístico fomenta una mejor gestión de las actividades logísticas, regulando y coordinando todas las funciones.
- **Aumento de la rentabilidad:** el aumento de la rentabilidad deriva del establecimiento del plan logístico, puesto que todo estará planificado y determinado, por lo que aumentarán los beneficios de la empresa.

3. Tipos de proyecto logístico

☞ **HILO CONDUCTOR**

En Lola's S. L., deben estudiar y analizar los diferentes tipos de proyectos logísticos que deben abordar.

Es por ello que los responsables de la organización deberán estudiar y analizar los diferentes componentes que forman los tipos de proyectos logísticos para implantar aquellos que puedan asegurar los éxitos empresariales.

Toda planificación de las tareas logísticas requiere procesos que se emplean para poder establecer mejoras, que determinen establecer estimaciones, y poder desarrollar el proyecto en las mejores condiciones.

Los proyectos logísticos determinan saber cuáles son los objetivos de la organización a nivel logístico, y qué es lo que debe hacer la plantilla para conseguir los objetivos.

La planificación de las tareas logísticas aportará un plan logístico para no tener que trabajar bajo la improvisación.

El plan logístico debe ser una base de la situación futura del medio logístico de la organización o un camino por el que la empresa debe avanzar durante un plazo de tiempo concreto. Es por ello que la planificación en el mundo de la logística debe ser un trabajo ordenado, que optimiza los recursos físicos, humanos, etc., además del movimiento eficiente de los materiales que debe emplear la organización.

En definitiva, en el mundo de la logística, existen unos **tipos de proyectos logísticos** en relación con plazos de tiempo y departamentos funcionales:

Proyecto estratégico
- Este tipo de proyecto es el de más alto nivel.
- Con este tipo de proyecto logístico, se intenta estudiar a largo plazo cómo puede evolucionar la organización y su entorno.
- Se desarrollan los objetivos generales en un plazo de unos diez años. Además, se deben establecer qué procesos y tareas pueden ser los mejores para mantener buenas relaciones con los proveedores, intermediarios, clientes, etc.

Proyecto táctico
- Los proyectos tácticos ofrecen soluciones intermedias para saber qué pasos dar en tiempos más reducidos.

Además, se puede indicar que existen una serie de áreas funcionales en logística que determinan una serie de **tipos de planificación:**

- **Planificación de ventas:** en relación con la estimación de la demanda de artículos, se debe generar un catálogo de productos, y se realiza un programa para el flujo de bienes en la cadena de suministro.
- **Planificación de necesidades de material:** esta planificación debe hacerse a nivel interno.
  Se realiza en organizaciones de producción para poder satisfacer los requerimientos de las áreas de producción de materias primeras, productos semielaborados, y, de este modo, poder asegurar equipos de producción. Se establece la cantidad y calidad para poder adquirir las materias primas requeridas.
- **Planificación para la compra de artículos:** esta planificación se realiza en función de los planes de requisitos de materiales desarrollados.
  Se hace en función de la cantidad y de los requerimientos mínimos para adquirir los materiales necesarios.
- **Planificación para la producción:** la planificación de la producción es un plan de producción que se desarrolla concretando el número de unidades físicas.
  Muestra la cantidad de las unidades de producción que se tienen que elaborar para asegurar unas ventas necesarias.

Cuando se planifica la producción, se debe usar información referente al plan de ventas, como es la capacidad de la producción, etc. Además, se deberá tener en cuenta la planificación operativa, dividiendo el proceso en programación y programación de la producción.

IMPORTANTE

La programación aglutina el proceso de actividades de los talleres individuales y establece cuál es la cantidad necesaria de materias primas, productos semielaborados, capital humano, medios financieros, etc.

La programación de la producción es aquel control que se realiza supervisando toda la información para llevar a buen puerto la producción de la organización.

En función de diferentes aspectos, la planificación operativa se elaborará entre diferentes áreas dentro del taller.

La planificación asegura el normal desarrollo de la producción, además de poder controlar la integración del plan de producción y ventas de los diferentes intervinientes de la organización, además de conseguir coordinar las tareas entre varios departamentos, líneas de producción, etc.

IMPORTANTE

La planificación en un taller es un proceso que intenta conseguir generar planes operativos y cronogramas hacia diferentes departamentos.

3.1. Planificación de la colocación de los elementos de la infraestructura logística

Este tipo de planificación se relaciona con el hecho de tener que buscar la mejor localización de aspectos como instalaciones para las fábricas, locales comerciales, tiendas, etc.

Además, se deberá estudiar el impacto que se genera como consecuencia del rendimiento de la organización durante un período de tiempo.

NOTA

Cuando se planifica la colocación de las instalaciones, oficinas, tiendas, etc., se requerirá analizar factores del entorno tanto interno como externo. Habrá que estudiar dónde se encuentra la competencia, los clientes, los proveedores, el número de competidores, la cuota de mercado, la legislación vigente, etc.

El resultado de toda esta integración tiene que ser monitoreado. El control debe ser el resultado de la planificación y la implementación de todos los planes empresariales.

El control se puede definir como el hecho de comparar lo planificado con lo conseguido.

Controlar las tareas y funciones de la logística puede ser la diferencia entre el éxito y el fracaso.

Lo siguiente que se realizará deberá ser la implementación de la gestión logística, que debe asegurar el funcionamiento del sistema logístico empresarial. Es decir, el control logístico.

Es por ello que saber cuáles pueden ser los diferentes tipos de planificación posibilita el poder tomar decisiones acertadas de acuerdo con la información, y todo ello con una reducción de costes en cuanto a la distribución física. También, el empleo de estrategias adecuadas determina ventajas competitivas con el resto de organizaciones del sector.

APLICACIÓN PRÁCTICA

Vanesa es la responsable de una organización que se dedica a la producción y distribución de productos cárnicos, y para ello desea elaborar un plan logístico eficiente.

Ayuda a Vanesa a elegir cuál de las siguientes es la opción correcta para la elaboración de un plan logístico, justificando tu respuesta.

- **Producción y distribución.**
- **Aprovisionamiento, producción y distribución.**
- **Aprovisionamiento, producción, distribución y comercialización.**
- **Producción, distribución y comercialización.**

Solución

Para la elaboración óptima y eficiente de un plan logístico, este debe atravesar las etapas de aprovisionamiento, producción y distribución.

Por lo tanto, debe haber una etapa de aprovisionamiento, donde la empresa adquiera y compre todo el material necesario para poder llevar a cabo posteriormente la elaboración.

La fase de producción debe contar con todos los medios humanos, financieros y económicos para poder optimizarlo.

Y, además, la distribución de la mercancía debe hacerse de la manera más eficiente posible, para asegurar trasladar el artículo hasta el punto final.

TAREA 9

Etumalet S. L. es una empresa que se dedica a la producción y distribución de todo tipo de muebles.

Alicia es la responsable de la organización y quiere elaborar un plan logístico eficiente para asegurar el éxito de la organización.

Continúa en página siguiente >>

<< Viene de página anterior

Ayuda a Alicia a establecer un plan logístico eficiente para conseguir los ob etivcs establecidos a nivel general.

---

4. Elementos de un proyecto logístico

 HILO CONDUCTOR

En Lola's S. L., saben que todo proyecto logístico tiene que estar basado y fundamentado en una serie de elementos.

Por lo tanto, los responsables de la organización deben estudiar y analizar todos los elementos que sean necesarios para que su proyecto logístico consiga los grandes retos empresariales establecidos anteriormente.

Para poder entender cuál puede ser la relevancia del sector logístico en nuestra sociedad, lo primero que realizar será saber cuáles son las tareas y actividades que realizar y que debe desarrollar este sector.

Todo ello se debe a que el éxito de una organización dependerá de diferentes elementos a nivel administrativo y financiero en los que la logística interviene directa o indirectamente.

La logística, a pesar de ser parte o estar relacionada con el transporte, también aglutina una serie de funciones estratégicas, como puede ser el almacenamiento, distribución, relaciones con proveedores, etc. Aporta diferentes soluciones, además de establecer y mantener buenas relaciones con los diferentes actores del sector.

La logística son todas aquellas tareas que tienen la misión de conseguir establecer una mejor planificación en el movimiento del trabajo e intercambios entre los actores de la cadena de suministro. Entre ellos, podemos citar los consumidores y los proveedores, que aportan sistemas de control y supervisión.

SABÍAS QUE...

El departamento logístico de una organización es necesario para poder conseguir que la mercancía se traslade eficientemente desde un punto a otro.

Dicho de otro modo, la logística se emplea para establecer planes logísticos que aporten mejores soluciones en cuanto a la producción, reducción de costes e inventarios, y realizar una coordinación eficiente de todas las tareas necesarias.

La relevancia de la logística en las organizaciones se debe relacionar con aspectos que aportan rapidez y adaptación al sector para poder mejorar la calidad del servicio.

A continuación, se muestran los **principales elementos de un proyecto logístico**:

- ⮑ **Almacenamiento y manipulación de materiales:** las principales tareas en el almacenamiento y manipulación de materiales son todas aquellas cuestiones relacionadas con aspectos como la conservación de artículos, resguardo, etc.
  Un almacenamiento eficiente ofrece poder optimizar el movimiento de los materiales hasta que llegan al cliente, y es ahí donde desempeña un papel fundamental la administración.
- ⮑ **Embalaje:** el embalaje es una pieza esencial para la logística, ya que, de este modo, se puede garantizar la conservación de los productos cuando estos se están trasladando para conseguir que lleguen en las mejores condiciones.
  Un empaque correcto ofrece el poder promocionar el producto. Un embalaje bueno garantiza la seguridad de los productos; el empaque se puede usar para dar a conocer el producto.
- ⮑ **Inventario:** la gestión del *stock* se centra en regular las existencias de un bien dentro de las instalaciones de los almacenes.
  Para controlar el movimiento de los artículos, se necesitan medios informáticos eficientes para poder tener actualizadas las existencias en los almacenes.
- ⮑ **Transporte:** cuando se emplea un sistema de transporte a la hora de trasladar productos a grandes distancias, hay que tener en cuenta el tiempo que se necesita para movilizarlos, además del coste requerido para el empleo de cada medio de transporte.

También, se deberá tener en cuenta qué requiere cada producto para poder asegurar su calidad.

⊃ **Información y control:** mejorar la calidad se consigue a través de la optimización de los recursos y el empleo de la información.

A través de la información se obtendrá una mejor confianza de proveedores y clientes, además de la optimización de la cadena logística.

 **APLICACIÓN PRÁCTICA**

Teresa es la directora general de Eurotroc S. L., empresa dedicada a la producción de herramientas de todo tipo, y desea establecer un proyecto logístico que aglutine los objetivos que conseguir en diez años.

Ayuda a Teresa a elegir cuál de los siguientes tipos es el proyecto para establecer objetivos a diez años, y justifica tu respuesta.

- **Proyecto operativo**
- **Proyecto ejecutivo**
- **Proyecto estratégico**
- **Proyecto general**

Solución

Los planes logísticos a largo plazo, con períodos de tiempo de alrededor de diez años, se determinan mediante los proyectos estratégicos.

Los proyectos estratégicos determinan y explican los aspectos y puntos que conseguir a lo largo de un plazo de tiempo alargado.

Aspectos como la flota de vehículos que emplear para poder conseguir unos resultados, empleo de material humano, etc.

4.1. Importancia de la logística

En la actualidad, la logística aporta grandes beneficios, que pueden crecer exponencialmente. Es, por tanto, una herramienta importantísima dentro del transporte y el comercio.

Se necesita conocer la **relevancia de la logística en las organizaciones** por las siguientes cuestiones:

- ⮕ **Se puede internacionalizar el negocio:** el desarrollo de las nuevas tecnologías de la información y comunicación hace que las empresas puedan tener presencia en todo el mundo.
  Contar con planes logísticos ofrece la posibilidad de obtener inversiones en todo el mundo y poder comercializar los productos a clientes de todo el planeta.
- ⮕ **Fomentan la competitividad:** obtener nuevo talento, desarrollar tareas a nivel mundial, etc., genera poder crecer por parte de la empresa a través de la competitividad en todos los niveles.
- ⮕ **Minimizar costes y aumento de la producción:** el plan logístico aporta una mejor gestión de las tareas logísticas, fomentando reducir el uso de recursos y costes, lo que redunda en mejores de productividad, ya que se consigue más por menos.
- ⮕ **Reducción de pérdidas en el tiempo de trabajo:** si un plan logístico es gestionado eficientemente, aporta la generación de protocolos de actuación para facilitar la ejecución de funciones.
- ⮕ **Mayor rentabilidad:** si se cuenta con un plan logístico eficiente, conlleva una gran ventaja competitiva, que aportará mejoras en la producción, reducción de costes, gastos y tiempos innecesarios.
- ⮕ **Mejorar el servicio de atención al cliente:** tareas coordinadas con beneficios en los plazos de tiempo, entre otros, hacen que el cliente esté más satisfecho, por lo tanto, mejora nuestro servicio de atención.

4.2. La logística en el futuro

La logística es un sector que aumenta año tras año, y, según algunos expertos en la materia, el futuro a medio plazo determina que la logística es un sector muy potente con una clara tendencia, que es fomentar un servicio personalizado para abordar los grandes desafíos a los que se enfrentan las empresas.

 SABÍAS QUE...

La digitalización y automatización de los procesos, además de los vehículos de transporte, conllevarán una reducción de los costes en el sector, consiguiendo una reducción de aproximadamente un 45 % para el año 2030.

Por lo tanto, la logística debe afrontar muchos cambios en estos años que se avecinan, y las organizaciones tienen que actualizarse para enfrentarse a muchos y grandes retos.

El futuro de la logística afronta grandes batallas con grandes posibilidades con la ayuda de la automatización de procesos y digitalización.

IMPORTANTE

Por lo tanto, la industria logística deberá anticiparse al futuro inmediato mediante:

- El transporte
- El capital humano
- La clientela
- La tecnología
- La sostenibilidad

4.3. El futuro del transporte en la logística

Según algunos estudios, para el año 2025 podría haber ya vehículos de conducción automatizada circulando por las carreteras. Es por ello que la industria logística podría usar vehículos conducidos por personas y vehículos conducidos de manera automática.

Incluso, para el año 2030, se prevé el establecimiento en la industria de la logística de materiales que puedan cambiar de forma.

 **EJEMPLO**

Con este desarrollo, un vehículo podría cambiar de forma en aspectos como en su carrocería, dependiendo del lugar por donde transite, y, de este modo, poder reducir su resistencia aerodinámica, permitiendo reducir su consumo energético.

El desarrollo y evolución de la industria logística avanza tan rápido que podremos ver, en unos años, vehículos que cambian de forma para ahorrar combustible.

El sector logístico es un ámbito que está en continuo movimiento, aportando nuevas metodologías y soluciones, optimización de procesos, etc.

Es por ello que algunas de las **tecnologías en la industria logística** tendrán un gran impacto en los próximos años. Algunas de ellas son:

Vehículos aéreos no tripulados
- Son los tan famosos drones, que se emplearán en el sector logístico para realizar entregas de última milla.
- Los drones no reemplazarán al transporte terrestre, pero serán introducidos para llevar materiales a zonas complejas.

Blockchain
- Debido al *blockchain*, aumentará la transparencia en las cadenas de suministro, aumentando la automatización en las actividades.

Continúa en página siguiente >>

<< Viene de página anterior

Realidad virtual
- El empleo de la realidad virtual ofrecerá la posibilidad de realizar simulaciones y diseños en 3D, con el objetivo de no improvisar y conseguir mejores resultados.

IoT
- El internet de las cosas posibilitará poder conectar cualquier dispositivo a internet, para poder obtener cualquier tipo de información sobre el almacén.

Además, se prevé que, en breve, el IoT se podrá aplicar a toda la industria logística en los transportes.

Los sensores Iot se usarán en aspectos como saber cuál es la situación del bien durante su traslado, obtener información sobre la situación del tráfico, activar alertas para saber si un vehículo está cerca del almacén, etc.

4.4. Importancia de la logística para el *e-commerce*

Contar con un gran sistema logístico en una tienda virtual debe conllevar el éxito. Pero lo primero que se debe tener en cuenta es que la logística es fundamental para una tienda *online*.

Para entender la relevancia y necesidad de la logística para el *e-commerce*, habrá que conocer las **variables** que lo determinan:

- **Puede ser una gran ventaja competitiva:** la logística puede tener un fuerte impacto para que una empresa pueda crecer.
- **Aporta valor al producto y a la empresa:** los clientes somos cada vez más exigentes, y por ello hay que tener la suficiente capacidad para poder ofrecerles diferentes alternativas a la hora de comprar el producto.
- **Aumenta la experiencia del cliente:** la llevanza de la logística de manera eficiente por parte de la organización repercute en mayores ventajas para hacer más importante la experiencia de los clientes, y, por ello, aumentando la satisfacción de ellos.
- **Mejor gestión del *stock:*** mediante una cadena logística bien gestionada, se puede ofrecer un mejor servicio a los clientes, ya que la organización dispondrá de inventario, y se podrán gestionar mejor los pedidos correspondientes.

- ⊃ **Seguimiento eficiente de los pedidos:** llevar un seguimiento de los pedidos es un elemento muy importante cuando se realice una compra, puesto que ofrecer una entrega segura y en tiempos aporta confianza y satisfacción al cliente.
- ⊃ **Mejora en las devoluciones:** saber por parte de los clientes que, si tienen que realizar una devolución, será un proceso ágil y sencillo aporta valor a la empresa.
- ⊃ **Ahorro en tiempos y costes:** si se cuenta con nuevas herramientas de información y comunicación, el proceso de la logística redundará en menos costes y tiempos.

Por lo tanto, es bastante sencillo entender el papel que desempeña la logística, ya sea para las grandes organizaciones como para pequeñas empresas que realizan su compraventa por internet, aportándoles grandes beneficios.

Es tal la importancia y necesidad de la logística, que esta tiene que ir adaptándose y evolucionando continuamente.

En la actualidad, es de vital importancia un sistema logístico bien integrado para conseguir el éxito en las tiendas virtuales.

 ## ACTIVIDAD COMPLEMENTARIA

9. Piensa y busca información en fuentes externas sobre dos empresas de éxito en el mundo del *e-commerce*.

TAREA 10

La empresa Formatet S. L. se dedica a la comercialización y gestión de todo tipo de formaciones.

Juan es el responsable del proyecto y, debido a las nuevas tendencias, es necesario comercializar los cursos a través de internet.

Ayuda a Juan a diseñar un negocio para comercializar cursos por internet.

---

5. Técnicas y herramientas de planificación, control y seguimiento de proyectos logísticos

 HILO CONDUCTOR

En Lola's S. L., saben que es de imperiosa necesidad el poder conseguir los resultados planteados para el éxito de la organización.

Por lo tanto, los responsables de la organización deben invertir en herramientas, procedimientos y técnicas que permitan que los proyectos logísticos sean desarrollados eficientemente, optimizando todos sus recursos.

Cuando se trata de técnicas, herramientas y medios para poder planificar, controlar y seguir con éxito los proyectos logísticos, hay que tener en cuenta distintos tipos de factores.

Cuando se realiza una gestión de proyectos logísticos, se deben tener conocimientos, capacidades y herramientas para poder gestionar eficientemente estos proyectos.

IMPORTANTE

Por lo tanto, todo aquel que se dedique a la gestión de proyectos logísticos necesita una serie de métodos y herramientas para poder reducir al máximo los errores que se puedan cometer.

Los métodos y herramientas para poder gestionar los proyectos logísticos aportan adaptabilidad y supervisión para poder gestionar los diferentes recursos de todo proyecto.

El objetivo de todos estos métodos y herramientas es conseguir resultados en un plazo de tiempo determinado y bajo unos costes máximos.

Para poder gestionar el proyecto en cuestión, se debe emplear un mismo método para cada fase.

Los **métodos** más habituales y eficientes **para la gestión de proyectos logísticos** son:

Diagrama de Gantt
- El diagrama de Gantt es un método básico que se emplea para poder planificar el flujo de trabajo de un proyecto.
- Este método está formado por un diagrama de barras que muestra el inicio y el final de las diferentes unidades que forman el proyecto.

Método de la cadena crítica (CPM)
- Este método ofrece el poder minimizar el plazo para poder realizar los proyectos y realizar un seguimiento centrándose en lo importante.
- Para poder ejecutarlo, se necesitará definir la secuencia de los elementos, las posibles consecuencias y saber los factores que se pueden eliminar para poder ejecutar el proyecto en el menor tiempo posible.

Gestión del valor ganado
- Este método mide el desempeño de un proyecto desde que se compara su desarrollo y evolución en relación con lo que se ha planteado.

Además, hay que indicar que existen una serie de herramientas para la gestión de proyectos que son gratuitas o con ciertos servicios de pago, mediante el empleo de sistemas informáticos que consiguen facilitar el trabajo.

Es por ello que vamos a citar algunas **herramientas de gestión de proyectos** gratuitas:

- *Trello:* es una herramienta para la gestión de proyectos a través de internet y de forma gratuita.
  Esta herramienta ofrece la posibilidad de hacer distintas tareas, diseñarlas y establecer el recorrido para que este sea lo más sencillo e intuitivo posible.

- *Airtable:* esta aplicación informática mezcla hojas de cálculo, programas de base de datos, lista de trabajos, etc., y todo ello para poder ofrecer los medios necesarios para poder coordinar equipos de trabajo y asignar trabajos a los componentes del equipo.
  Su versión gratuita es bastante sencilla, teniendo a su disposición una serie de plantillas con plazos de tiempo para poder organizar eventos, opciones de pago, etc.

- *Asana:* esta herramienta ofrece a los diferentes equipos de trabajo poder compartir información, organizar y gestionar cómo seguir un proceso con tareas asignadas a los participantes, y, de este modo, poder llevar un control sobre la evolución y compromiso de los plazos de tiempo.

 ⮑ **Sinnaps:** es una metodología online que consigue planificar automáticamente los proyectos de todo tipo.

Esta herramienta mezcla distintas metodologías de gestión, como CPM y PERT, para establecer tareas de forma automática, creando distintas posibilidades para encontrar las mejores soluciones.

La visualización del proyecto es intuitiva, visualizando problemas y posibles cuellos de botella.

sinnaps

 ⮑ **Slacks:** se emplea para la gestión de proyectos, y sobre todo con la comunicación.

Es una herramienta para gestionar equipos de trabajo de manera colaborativa, aportando distintos canales de comunicación para los participantes de una organización.

El empleo de herramientas informáticas permite poder realizar mejor los proyectos, potenciando sus resultados.

6. Gestión económico-financiera de un proyecto

👉 **HILO CONDUCTOR**

En Lola's S. L., saben que llevar a cabo una gestión económico-financiera de un proyecto es fundamental para el futuro de la organización.

Es por ello que los responsables de la empresa deben gestionar eficientemente la empresa desde el punto de vista económico-financiero para optimizar los recursos disponibles y optimizar los resultados empresariales.

- -

La gestión económico-financiera de un proyecto conlleva la determinación de una buena planificación y el éxito en la administración de los recursos de la empresa para poder asegurar el movimiento de información y mercancías.

Esta gestión debe implementar aspectos como el mantenimiento y gestión de procesos en todo el recorrido.

IMPORTANTE

La gestión económico-financiera de proyectos se centra en una buena gestión de los recursos con los que cuenta la empresa. Dicho de otro modo, se deben gestionar los ingresos y gastos de forma eficiente para que todo fluya correctamente.

Establecer y desarrollar una gran estrategia a nivel económico y financiero ayudará a:

Ser más competitivo
- Una buena gestión económico-financiera tiene como resultado ser una organización mucho más competitiva.

Buena toma de decisiones
- Esta gestión eficiente aporta tomar buenas decisiones, lo que repercute en grandes resultados empresariales.

Dar buena imagen
- Una gestión exitosa aporta una gran imagen para posibles inversores, proveedores, clientes, accionistas, etc.

Internacionalizar la empresa
- Esta gestión económico-financiera aporta los medios para poder internacionalizar la organización, acaparando nuevos mercados.

Todo responsable de la gestión económico-financiera de una organización dedicada a la función logística tiene que tener conocimiento de los **aspectos esenciales** a los que debe hacer frente:

- **Plazos de cobros y pagos:** el responsable de la organización debe tener controlado cuándo se deberán realizar los cobros y pagos para tener siempre el suficiente dinero para poder asegurar el mantenimiento de la actividad.

- **Saber el origen de los beneficios:** es indispensable saber de dónde vienen los beneficios, ya que estos pueden proceder de la venta de inmovilizado que no está relacionada con la actividad de la empresa.
- **Estudiar la rentabilidad:** la rentabilidad de la organización es toda capacidad para poder obtener beneficios con la venta, y, de este modo, poder ser rentable.
- **Dividir los gastos:** además de saber de dónde proceden los ingresos, habrá que saber en qué se gasta el dinero para priorizar gastos y compras.
- **Elaborar estrategias económico-financieras:** toda estrategia económico-financiera deberá estudiar el entorno, concretar objetivos, realizar un control y supervisión eficiente, obtener datos de la competencia, etc.

Por lo tanto, es evidente que la gestión económico-financiera debe aportar soluciones que repercutan en tranquilidad para saber cómo gestionar el proyecto, a la vez que saber los plazos de tiempo a los que enfrentarse.

IMPORTANTE

La gestión económico-financiera es aquella metodología que se centra en administrar y estudiar los medios con los que cuenta la organización para conseguir los objetivos establecidos.

Como consecuencia de una buena gestión económico-financiera, se podrá determinar una serie de ventajas competitivas.

La gestión económico-financiera consiste en el estudio de los recursos con los que cuenta la empresa para poder conseguir los objetivos fijados.

SABÍAS QUE...

Existen una serie de tipos de recursos económicos imprescindibles para la buena gestión económico-financiera de un proyecto logístico:

- El dinero
- El capital
- El tiempo
- La mano de obra

ACTIVIDAD COMPLEMENTARIA

10. Piensa y busca información en fuentes externas sobre dos empresas que hayan internacionalizado su negocio.

7. Resumen

El objetivo principal del soporte logístico integrado es gestionar de manera óptima elementos como seguridad, fiabilidad, etc.

El plan logístico es una estrategia que evalúa los trabajos y procesos que consiguen comprar las materias primas en las mejores condiciones.

Todo plan logístico ofrece una serie de ventajas, que se muestran a continuación:

Además, cualquier empresa tiene que elaborar un plan logístico siguiendo estas tres etapas:

En definitiva, en el mundo de la logística, existen unos tipos de proyectos logísticos en relación con plazos de tiempo y departamentos funcionales:

Son bien conocidas las grandes ventajas que aporta la logística, por lo que es esencial poder conocer los beneficios de la logística en las empresas:

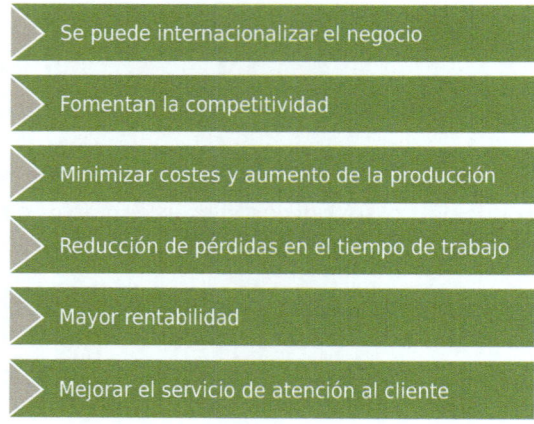

Los métodos más habituales y eficientes para la gestión de proyectos logísticos son:

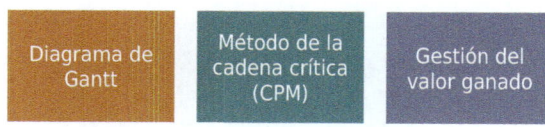

Además, se pueden citar algunas de las herramientas gratuitas para poder gestionar proyectos logísticos:

Establecer y desarrollar una gran estrategia a nivel económico y financiero ayudará para:

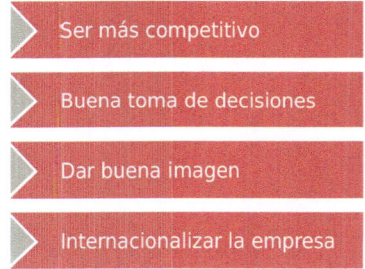

Cualquier responsable que tenga por misión la gestión económico-financiera de una empresa en logística debe aportar conocimientos y habilidades para enfrentarse a:

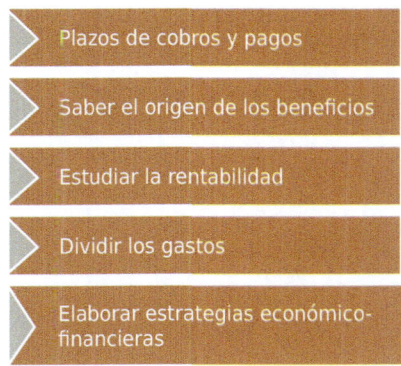

Ejercicios de autoevaluación
Unidad de Aprendizaje 5

1. Una de las grandes piezas fundamentales de toda empresa...

    a. ... es el plan logístico.
    b. ... es el plan ejecutivo.
    c. ... es el plan operativo.
    d. ... es el plan general.

2. Los planes logísticos intentan:

    a. Minimizar los costes de tiempo y aumentar los medios emplea-dos para conseguir sus objetivos.
    b. Minimizar los costes de tiempo y reducir los medios empleados para conseguir sus objetivos.
    c. Minimizar los costes de tiempo y aumentar los recursos empleados para conseguir sus objetivos.
    d. Aumentar los costes de tiempo y reducir los medios empleados para conseguir sus objetivos.

3. Tener un buen plan logístico a través de un protocolo de actividades logísticas...

    a. ... permite no improvisar.
    b. ... permite improvisar.
    c. ... permite avanzar.
    d. ... permite arriesgar.

4. Entre las etapas de todo plan logístico podemos citar:

    a. Comercialización
    b. Ventas
    c. Planificación
    d. Aprovisionamiento

5. Cuando se planifica la producción, se debe usar información referente...

    a. ... a la distribución y la venta.
    b. ... a la distribución y la comercialización.
    c. ... a la producción y la compra.
    d. ... al plan de ventas.

6. Indica si la siguiente oración es verdadera o falsa: "La programación de la producción es aquel control que se realiza supervisando la producción para llevar a buen puerto la elaboración de la organización".

    ■ Verdadero
    ■ Falso

7. El control debe ser el resultado...

    a. ... de la producción y la implementación de todos los planes empresariales.
    b. ... de la planificación y la implementación de todos los planes empresariales.
    c. ... de la estrategia y la implementación de todos los planes empresariales.
    d. ... de la comercialización y la implementación de todos los planes empresariales.

8. El control se puede definir como el hecho de comparar:

    a. Lo conseguido con lo producido.
    b. Lo planificado con lo conseguido.
    c. Lo conseguido con lo elaborado.
    d. Lo planificado con lo diseñado.

9. Indica si la siguiente oración es verdadera o falsa: "Para poder entender cuál puede ser la relevancia del sector logístico en nuestra sociedad, lo primero será saber cuáles son las tareas y actividades que realizar y que debe desarrollar este sector".

    ■ Verdadero
    ■ Falso

10. Para poder gestionar un proyecto en cuestión:

       a. Se deben emplear diferentes métodos para diferentes fases.
       b. Se deben emplear diferentes métodos para todas las fases.
       c. Se debe emplear un mismo método para todas las fases.
       d. Se debe emplear un mismo método para cada fase.

Glosario

Blockchain
Aplicación que se puede usar para la gestión de una cadena de suministro para contratos inteligentes, aportando mayor seguridad, trazabilidad y eficiencia.

Cadena de suministro
Proceso que afronta un bien desde que se compra y se elabora a través de las materias primas hasta la compra por parte del consumidor.

Comercio electrónico
Tipo de comercio que se realiza a través de internet, poniendo en contacto a empresas con clientes a través de páginas web, redes sociales, aplicaciones móviles, etc.

Dropshipping
Forma de venta en la que el minorista no tiene la posesión de los productos en unas instalaciones, pero sí los comercializa en una tienda *online*. Cuando se produce la venta, lo compra a un mayorista, y es este el que traslada el producto directamente al cliente.

E-commerce
Término en inglés para reflejar el comercio electrónico.

Economías de escala
Circunstancia en la que la compañía reduce sus costes de producción al producir más, teniendo un coste por producto menor.

Incoterms
Reglas a nivel internacional que deben seguirse y respetarse para todo aquello relacionado con el comercio internacional.

Insumo
Todo aquello que puede dar un servicio y acometer las necesidades de las personas, como es el caso de las materias primas, que se usan para producir nuevos bienes.

Intermediario
Figura que relaciona los artículos entre el productor inicial y el cliente final.

Layout
Forma en la que se distribuyen los elementos y las maneras en un diseño.

Lean management
Modelo que ofrece un punto de partida exitosa para poder gestionar las organizaciones empresariales, centrándose en las necesidades de los clientes.

Perfomance
Palabra relacionada con el arte, y significa una obra, elemento artístico o representación.

Picking
Preparación de pedidos mediante la recogida y mezcla de cargas no unitarias para determinar el pedido realizado por un cliente.

Plan logístico
Estrategia que emplea una organización para poder estudiar y evaluar todas aquellas tareas relacionadas con su actividad.

Programación de la producción
Control que se realiza supervisando toda la información para llevar a buen puerto la producción de la organización.

Red logística
Conjunto de instalaciones y procesos que posibilitan que un artículo pueda llegar desde la fábrica hasta el consumidor final.

Resiliente
Capacidad para poder adaptarse ante cualquier aspecto negativo o una situación adversa.

Sobreprocesamiento
Realizar una tarea o actividad extra que no es necesaria.

Suministro
Suministro es una mercancía que se tiene que elaborar y trasladar mediante la cadena de suministro.

Tecnomatix Plan Simulation

Herramienta informática sobre la simulación de eventos discretos que se emplea para el estudio y eficiencia en las cadenas de suministro.

Ubicuidad

Capacidad de poder estar en varios lugares al mismo tiempo.

Value stream mapping

Recurso visual que ofrece el poder generar una idea de cómo puede hacerse el proceso de producción de un bien, desde que este se recepciona, se fabrica y se almacena hasta que finalmente se entrega al consumidor final.

Bibliografía

Monografías

→ ANAYA Tejero, J. J.: *Innovación y mejora de procesos logísticos.* Madrid: ESIC, 2005.

> Lectura necesaria para establecer conceptos y procesos relacionados con el mundo de la logística.

→ LÓPEZ Fernández, R.: *Logística comercial.* Madrid: Paraninfo, 2008.

> Libro ameno a la hora de realizar una lectura sencilla y necesaria sobre logística comercial. Versa sobre el conjunto de operaciones en cuanto a la organización y regulación del movimiento de materiales que se necesitan para realizar el proceso de producción, entre otras.

→ SORET de los Santos, I.: *Logística y marketing para la distribución comercial.* Madrid: ESIC, 2006.

> Libro con el que se adquieren conceptos relacionados con la logística. Se facilitan diferentes perspectivas a la hora de poder gestionar una organización del sector logístico.

Textos electrónicos, bases de datos y programas informáticos

→ Canales de distribución, de: https://www.beetrack.com/es/blog/estrategias-de-canales-de-distribucion-amazon

> Lectura amena para comprender los diferentes canales de distribución, y cómo se deben emplear en función de las características de la empresa y del producto por distribuir.

→ Logística de producción, de:
https://economipedia.com/definiciones/logistica-de-produccion.html

> Lectura que recrea y explica el funcionamiento de la logística de producción, determinando las características y ventajas del empleo de esta materia.

→ Servicios de logística, de: https://www.transgesa.com/nuestros-servicios.php

Lectura de una de las páginas dedicadas al sector logístico que muestra los servicios que aglutina la logística y cuál es la importancia de cada uno de ellos.

→ Tipos de almacenes, de:
https://www.mecalux.es/almacenes-automaticos?src=gg&param1=g &param2=dynamic_search_adsparam3=&param4=c&param5=&utm_ source=google&utm_medium=cpc&gclid=CjwKCAiApvebBhAvEiwAe7mH SDb7NOmVlq02DABLZ7sxZ8w2WrhLTm_EuGSnUPgpjC0ke0ruis5gkBoCS- soQAvD_BwE

Esta página, dedicada al mundo de la logística y especializada en el sector, aporta este artículo para explicar los diferentes tipos de almacenes, cómo se gestionan y cómo se ubican en función de la mercancía y de diferentes circunstancias.